Stephan Eisel

DEUTSCH
ENGLISH

Bonn und
Beethovens Neunte

Impressum

Math. Lempertz GmbH
Hauptstraße 354
53639 Königswinter
Tel.: 02223-900036
Fax: 02223-900038
info@edition-lempertz.de
www.edition-lempertz.de

Unser ganz besonderer
Dank für die wertvolle
Unterstützung und die
nette Zusammenarbeit gilt
dem Beethoven-Haus Bonn.

Autor: Dr. Stephan Eisel
Lektorat: Doris Jacobs
Korrektorat englischer Text: Maryse Houston, Rachel Manis, Alan Mittleman
Layout/Satz: Ralph Handmann
Druck und Bindung: P&B Print, Lettland
ISBN: 978-3-96058-496-4

Bildnachweis:

Umschlag Vorderseite:
© Marktplatz ('Ansicht des Markt-Platzes in der Stadt Bonn, gegen Westen hin.'):
Stahlstich v. Grünewald n. Hundeshagen b. Tobias Habicht in Bonn, 1851
© Beethovenkopf: Logo der Bürger für Beethoven
© Beethovens autograph (IX symphony-Freude, schöner Götterfunken): Adobe
Stock (Juulijs)
© Drapeaux: Adobe Stock (Julien Eichinger)

Umschlag Rückseite:
© Die Bonner Beethovenhalle beim ersten Beethoven-Fest vom 11. bis 13.
August 1845: Titelseite der Leipziger Illustrirten Zeitung, Illustration, vermutlich
nach Vorlage von Georg Osterwald, Leipzig 1845: Beethoven-Haus Bonn

© Autorenfoto: Randolf Bunge

Innenteil:
© Logo der Bürger für Beethoven [S.1]
© Adobe Stock: (Julien Eichinger) [S.1]
© Beethoven-Haus Bonn [Abb.: 1, 4, 5, 7, 11, 12, 14, 15, 18, 19, 20, 22, 23]
© Stadtarchiv Neuwied [Abb.: 2, 3]
© Österreichische Nationalbibliothek Wien [Abb.: 6]
© Stadtarchiv und Stadthistorische Bibliothek Bonn [Abb.: 8]
© Foto: Arnulf Marquardt-Kuron [Abb.: 9]
© Klassik Stiftung Weimar, Goethe- und Schiller-Archiv [Abb.:10]
© Staatsbibliothek Berlin Museum [Abb.: 13]
© Stadtarchiv Aachen [Abb.:16]
© Alamy Stock Photo (Penta Springs) [Abb.:17]
© Bertram Cox and C.L.E. Cox) London and New York, 1907, S. 312 [Abb.:21]

Inhaltsverzeichnis

Vorwort 5

Wie Schillers Gedicht „An die Freude"
zu Beethoven nach Bonn kam 8

Wie Schiller den Bonner Beethoven prägte 17

Wie der Beethoven-Freund Fischenich
Schillers Bote in Bonn wurde 27

Wie die Melodie der Ode ihren Ursprung
in Bonn gehabt haben könnte 39

Wie der Bonner Ferdinand Ries
zum Auftraggeber der Neunten wurde 45

Wie das Vertrauen zwischen zwei Bonnern
die Neunte ermöglichte 52

Wie Beethovens Bonner Schiller-Begeisterung
in Wien fortwirkte 61

Wie der Bonner Ries Beethovens Neunte
in Aachen aufführte 72

Wie Schillers Ode mit Beethovens Neunter
nach Bonn zurückkehrte 88

English Translation 106

Personenregister 160

Vorwort

Die 9. Sinfonie op. 125 in d-moll ist das wohl bekannteste Werk von Ludwig van Beethoven. Die Vertonung des Gedichts *An die Freude* von Friedrich Schiller im 4. Satz der Sinfonie ist weltweit nicht nur als Europahymne zu einem Symbol für Völkerverständigung, Freiheit und Menschenrechte geworden. Beethovens Melodie können viele Menschen rund um den Erdball spontan mitsingen.

Oft wird deshalb Beethovens Neunte mit Schillers Ode gleichgesetzt. Das geschieht auch in dieser Abhandlung, obwohl es dem komplexen Meisterwerk mit seinen vier Sätzen nicht gerecht wird.

Beethoven ist nicht nur in Bonn geboren, sondern hat hier 22 Jahre gelebt und gearbeitet – länger als Mozart in Salzburg. Im Geist der Aufklärung reifte er in Bonn zur Persönlichkeit, erhielt seine musikalische Ausbildung, sammelte wichtige Erfahrungen als Organist und Orchestermusiker, entwickelte sich zum außergewöhnlichen Pianisten und profilierte sich als Komponist.

Kaum bekannt sind allerdings die Bonner Wurzeln der Neunten:

- In Bonn lernte Ludwig van Beethoven das Gedicht mit der Anfangszeile *„Freude, schöner Götterfunken"* von Friedrich Schiller kennen. Hier begann seine lebenslange Bewunderung für das Schaffen des Dichters, dem er nie persönlich begegnet ist.
- Zugleich war Beethovens Bonner Freund Bartholomäus Fischenich mit den Schillers in Jena eng verbunden. Er schrieb Charlotte Schiller schon wenige Wochen nach dessen Abreise nach Wien, dass Beethoven *„Schillers Freude und zwar jede Strophe bearbeiten"* wolle.
- Wahrscheinlich in der Bonner Zeit entstand die erste – leider verschollene – Vertonung des Gedichts durch den Bonner Komponisten.

- Auch in der Entstehungsgeschichte der berühmten Melodie aus Beethovens Sinfonie deutet manches auf Bonn.
- Es war auch der Bonner Ferdinand Ries, der Beethoven zuerst 1817 und dann zum zweiten Mal 1822 den Auftrag für die Komposition seiner 9. Sinfonie gab. Er war damals Direktor der *Philharmonic Society of London*.
- Unter der Leitung von Ferdinand Ries fand auch am 23. Mai 1825 in Aachen eine der drei Aufführungen des noch ungedruckten Werkes statt, die Beethoven persönlich autorisiert hat. Das war zugleich die erste Aufführung der Neunten in Beethovens rheinischer Heimat.
- In seiner Widmungsanfrage für die 9. Sinfonie an den preußischen König Friedrich Wilhelm III. bezeichnete sich Ludwig van Beethoven 1826 noch kurz vor seinem Tod ausdrücklich als *„Bürger von Bonn"*.
- In seiner Heimatstadt Bonn wurde Beethovens 9. Sinfonie schließlich erstmals am 10. August 1845 beim ersten Beethovenfest anlässlich der Enthüllung des Beethoven-Denkmals aufgeführt, in dessen Grundstein kurz zuvor die gedruckte Partitur des Werkes hinterlegt worden war.

Diese Bonner Wurzeln und Bezüge von Beethovens Neunter sollen im Folgenden ausführlich dargestellt werden. Es geht dabei nicht um eine musikwissenschaftliche Feinanalyse, zumal die Literatur zu Beethovens Sinfonie kaum zu überblicken ist.[1] Vielmehr soll ein allgemein verständliches Schlaglicht auf einen Aspekt von Beethovens Werk gerichtet werden, der in der Beethoven-Literatur oft vernachlässigt wird.

Das ist zugleich eine Einladung sich intensiver damit zu befassen, dass ohne die Bonner Jahre das Wiener Schaffen Beethovens nicht zu verstehen ist. Hier knüpft diese Publikation an die ausführliche Untersuchung „Beethoven – Die 22 Bonner Jahre" an, die der Autor zum 250. Geburtstag des

---

1   Vgl. grundlegend *Ludwig van Beethoven, Symphonie Nr. 9 d-Moll Opus 125 mit Schluß-Chor über Schillers Ode „An die Freude" für großes Orchester, 4 Solo- und 4 Chor-Stimmen*, hg. von Beate Angelika Kraus unter Mitarbeit von Bernhard R. Appel, Koreferat Christine Siegert (Beethoven Werke, Abteilung I, Bd. 5), München 2020.

Komponisten 2020 im Verlag Beethoven-Haus veröffentlicht hat.[2] Dort findet sich für Interessierte detailliertes Quellenmaterial. Zur besseren Lesbarkeit wird in dieser Publikation auf Einzelnachweise verzichtet, soweit es sich nicht um Zitate handelt.[3] Die Wiedergabe von Zitaten erfolgt nach dem Original, d.h. mit orthografischen und anderen Fehlern. Wenn nicht anders angegeben, sind alle zitierten Zeitungen und Zeitschriften digital im Internet verfügbar. Die Briefe von und an Beethoven werden nach der sechsbändigen Gesamtausgabe der Beethovenschen Briefwechsel zitiert.[4] Auch für die Briefe von Ferdinand Ries liegt eine Gesamtedition vor.[5] Erinnerungen von Ferdinand Ries und Franz Gerhard Wegeler sind den von ihnen gemeinsam verfassten *Biographische Notizen über Ludwig van Beethoven* entnommen.[6] Briefe von und an Friedrich Schiller sind zitiert nach dem Schiller-Archiv.[7] Ermöglicht wird diese Publikation durch die Unterstützung des Vereins *Bürger für Beethoven*. Besonderer Dank gebührt der *Edition Lempertz* und ihrer Geschäftsführerin Antje-Friederike Heel für die Bereitschaft, das Thema *Bonn und Beethovens Neunte* zum 200. Jubiläum der Uraufführung der 9. Sinfonie am 7. Mai 1824 in das Verlagsprogramm aufzunehmen. Damit setzt der Verlag sein Beethoven-Engagement fort, das 2020 mit der Publikation *Beethoven in Bonn* begonnen hat. Ein herzlicher Dank gilt Doris Jacobs für die Betreuung seitens des Verlages sowie Christina Albrecht-Eisel, Irene Kuron und Annette Schwolen-Flümann für das ehrenamtliche Korrekturlesen des Manuskripts und viele nützliche Anregungen.

2   Stephan Eisel, *Beethoven – die 22 Bonner Jahre*, Bonn 2020.

3   Detaillierte Nachweise teilt der Autor auf Nachfrage gerne mit (stephan.eisel@gmx.net).

4   *Ludwig van Beethoven. Briefwechsel. Gesamtausgabe*, hg. von Sieghard Brandenburg, 6 Bände, München 1996.

5   *Ferdinand Ries - Briefe und Dokumente*, bearbeitet von Cecil Hill (Veröffentlichungen des Stadtarchivs Bonn, Band 27), Bonn 1982.

6   Franz Gerhard Wegeler und Ferdinand Ries: *Biographische Notizen über Ludwig van Beethoven*, Koblenz 1838; Nachtrag, Koblenz 1845.

7   www.friedrich-schiller-archiv.de.

Wie Schillers Gedicht „An die Freude" zu Beethoven nach Bonn kam

Friedrich Schiller war 25 Jahre alt, als er im Sommer 1785 sein Gedicht *An die Freude* schrieb. Nur drei Jahre zuvor war sein erstes Theaterstück *Die Räuber* erfolgreich in Mannheim uraufgeführt worden. Er musste danach 1782 aus seiner Stuttgarter Heimat im Herzogtum Württemberg fliehen. Nachdem er zunächst in Thüringen Unterschlupf gefunden hatte, kehrte Schiller nach einigen Monaten nach Mannheim zurück, um dort im September 1783 die Stelle als Theaterdichter anzutreten. Als dieser Vertrag nach einem Jahr nicht verlängert wurde, verschärfte sich Schillers finanzielle Lage. Schon einige Zeit vorher hatte sich der literarisch und musisch interessierte Dresdner Oberkonsistorialrat Christian Gottfried Körner an Schiller gewandt. Wie sein Freund, der Schriftsteller und Journalist Ludwig Ferdinand Huber, war er mit einer der Töchter des Leipziger Kupferstechers Johann Michael Stock liiert, der früh verstorben ist und für den Verlag Breitkopf gearbeitet hatte. Die Väter der jungen Männer lehnten die Verbindung aber als nicht standesgemäß ab. Körner heiratete trotzdem 1785 Minna Stock. Huber löste die Verlobung mit Dora Stock auf, die sich dann der Familie Körner anschloss.

Die beiden Brautpaare konnten sich besonders mit der dramatischen Darstellung einer von den Vätern abgelehnten und deshalb im Suizid endenden Beziehung in Schillers *Kabale und Liebe* identifizieren. Das Stück war im April 1784 in Frankfurt a. M. uraufgeführt worden.

Körner schrieb für seine Freunde im Mai 1784 anonym an Schiller: *„Zu einer Zeit, da die Kunst sich immer mehr zur feilen Sklavin reicher und mächtiger Wollüstlinge herabwürdigt, thut es wohl, wenn ein großer Mann auftritt und zeigt, was der Mensch auch jetzt noch vermag. ... Dann möchte er gern seinem Wohlthäter die Hand drücken, ihm in seinen Augen die Thränen der Freude und der Begeisterung sehen* lassen – *daß er auch ihn stärkte, wenn ihn etwa der Zweifel müde machte: ob seine Zeitgenossen Werth wären, daß er für sie arbeitete. – Dies ist die Veranlassung, daß ich mich mit drei Personen, die insgesammt Werth sind Ihre Werke zu lesen, vereinigte, Ihnen zu danken und zu huldigen."*[8]

„Zur Probe, ob ich Sie verstanden habe" fügte Körner ein selbst komponiertes Lied bei und endete seinen Brief mit dem Hinweis: *„Wenn ich, obwohl in einem andern fache, als das Ihrige ist, werde gezeigt haben, daß auch ich zum Salze der Erde gehöre, dann sollen Sie meinen Namen wissen. Jetzt kann es zu nichts helfen."*

Dieser anonyme Brief wurde über einen befreundeten Buchhändler, der auf der Leipziger Messe gewesen war, nach Mannheim zu Schiller gebracht. Erst sieben Monate später, am 7. Dezember 1784, bedankte sich Schiller überschwänglich bei Huber und dann im Februar 1785 bei Körner: *„Seit ihren letzten Briefen hat mich der Gedanke nicht mehr verlassen wollen: „Diese Menschen gehören Dir, diesen Menschen gehörest Du."*

Angesichts seiner eigenen schwierigen Lage lud sich der Dichter dann auch gleich selbst zu Körner ein: *„Werden Sie mich wohl aufnehmen? Sehen Sie – ich muß es Ihnen gerade heraussagen, ich habe zu Mannheim schon feierlich aufgekündigt, und mich unwiderruflich erklärt, daß ich in 3-4 Wochen abreise, nach Leipzig zu gehen."*

Im April 1785 traf Schiller dann in Sachsen ein, wo er bis zum Sommer 1787 u. a. auf dem Körnerschen Weinberg in Loschwitz bei Dresden wohnte und sein Drama **Don Carlos** fertigstellte. Mit Körner, der später der Herausgeber der ersten Gesamtausgabe seiner Werke war, verband Schiller dann eine lebenslange Freundschaft.

Dies ist der Hintergrund des Gedichts *An die Freude*, das Friedrich Schiller im Sommer 1785 als poetische Freundschaftserklärung an Körner richtete, der den Text sogleich selbst vertonte. Am 29. November 1785 schickte

---

8   Zitiert nach Deutsche Freundesbriefe aus sechs Jahrhunderten hrsg. von Julius Zeitler, Leipzig 1909, S. 205.

Schiller den Text seines Gedichtes zum Druck an Georg Joachim Göschen in Leipzig, den Verleger der von ihm soeben gegründeten Zeitschrift Thalia zum Druck und vermerkte dazu: *„Das Gedicht an die Freude ist von Körnern sehr schön komponiert. Wenn Sie meinen, so können wir die Noten, welche nur eine 1⁄2 Seite betragen, dazu stechen lassen?"*

Göschen griff den Vorschlag begeistert auf und antwortete schon am 1. Dezember 1785 an Schiller: *„Senden Sie mir ja, lieber Freund, bald die Musik von Körner zu Ihrem Liede an die Freude. Sie muß mit gedruckt werden und ich will das meinige redlich dazu beytragen daß es ein Rundgesang zur Erhebung der Herzen unter guten Menschen wird."*[9]

Im zweiten Heft der *Thalia* vom Februar 1786 wurde *An die Freude* dann gedruckt, allerdings ohne Schiller als Autor zu nennen. Als dem Heft vorgebundenes Blatt wurde der Text zugleich als Lied mit Klavierbegleitung für eine Stimme und dreistimmigen Chor in C-Dur abgedruckt – gekennzeichnet nur mit „K." für Körner.

Abbildung 1:
Notenbeilage mit der Vertonung von Christian Gottfried Körner Thalia, Heft 2, Leipzig: Göschen, 1786
(Beethoven-Haus Bonn, P / 1785 Thal, Inv.-Nr. 12.765)

---

9   Zitiert nach Georg Günther, Frühe Schiller-Vertonungen bis 1825 (Denkmäler der Musik in Baden-Württemberg, 18), München 2005, S. XLIV.

Eine der Abschriften des Schiller-Gedichtes gelangte auch ins Rheinland und wurde in voller Länge und der gleichen Fassung wie in der Thalia am 17. August 1787 in der Neuwieder *Freymaurer-Zeitung* abgedruckt. Das reichsunmittelbare, also nicht dem Kölner Kurfürsten unterstehende, Fürstentum Wied (bis 1784 Grafschaft Wied) in unmittelbarer Nachbarschaft zu Bonn war damals für seine Liberalität und Zensurfreiheit bekannt.

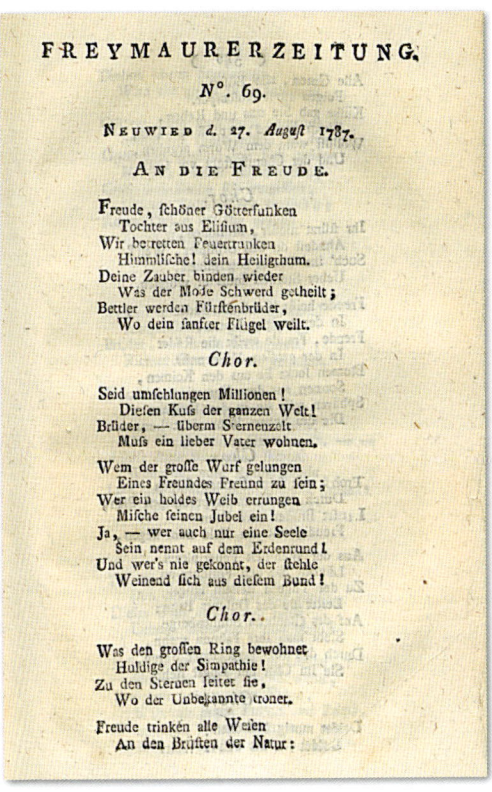

Abbildung 2: An die Freude, in:
Freymaurer-Zeitung, hg. von „A. und M.",
Nr. 69 vom 27. August 1787, S. 545
Stadtarchiv Neuwied, Bestand 630,507, Nr. 1

Wie schon bei der Erstveröffentlichung in der *Thalia* wurde auch in der *Freymaurer-Zeitung* kein Autor des Gedichtes genannt. Nach dem Text ist als Anmerkung hinzugefügt:

„Unwissend ob dieses schöne Lied, das uns ein Freund mittheilte, in einem Musenalmanach oder sonstwo steh't haben wir's hier abdrucken lassen, und hoffen, dass es uns unsere Leser danken werden. Die Freyheiten die sich der Dichter darin erlaubte, werden niemanden, auch dem strengsten Orthodoxen nicht, anstösig seyn. – – – Sobald wir die Musik dazu erhalten können, so liefern wir sie unserm lieben Publikum nach, und entschädigen den Herrn Verleger dieses Gedichts, der sich allenfalls dazu finden mögte, nach Kräften und Vermögen: wie's denn auch recht und billig ist."

Drei Monate später folgte dann in der letzten Ausgabe der *Freymaurer-Zeitung* vom 15. Oktober 1707 die vermeintliche Auflösung: *„Hier ist auch die versprochene Musik zum Lied an die Freude: die Teutschen verdanken Text und Composition dem Verfasser der teutschen Chronik, dem braven Schubart."*

Es folgte ein Blatt mit drei Akkoladen, d.h. zusammengehörigen Notensystemen, jeweils für Singstimmen mit Klavierbegleitung. Dabei handelt es sich um eine Wiedergabe der Körner-Vertonung, die sich allerdings in der Darstellung von dem vier Notensysteme umfassenden Druck in der *Thalia* unterscheidet.

Der den Noten unterlegte Text ist identisch mit dem im August in der *Freymaurer-Zeitung* abgedruckten Gedicht – allerdings mit einem kleinen Unterschied am Textanfang: Dort heißt es abweichend von der Thalia-Fassung statt *„Freude schöner Götterfunken"* nun *„Freunde schöner Götterfunken"*. Vermutlich handelt es sich dabei um einen unbewussten Übertragungsfehler.

Abbildung 3: Körners fälschlich Schubart zugeschriebene Vertonung von „An die Freude" ,Freymaurer-Zeitung Hg. „A. und M.",
Nr. 79 vom 15. Oktober 1787, Anhang
Stadtarchiv Neuwied, Bestand 630,507, Nr. 1

Die Neuwieder *Freymaurer-Zeitung*, die man in ganz Deutschland abonnieren konnte, erschien zwischen Dezember 1786 und Oktober 1787 in 79 Ausgaben. Maßgeblich unter den vier Herausgebern war der aus Erfurt stammende Dietrich Wilhelm Andreä. Er kam Ende 1785 als Regierungsassessor nach Neuwied und wurde dort Lehrer. Bereits 1782 gehörte er zu den Illuminaten und wurde in Neuwied auch Mitglied der dortigen Freimaurerloge *Caroline zu den drei Pfauen*, der auch Beethovens Lehrer Christian Gottlob Neefe angehörte. Verleger der *Freymaurer-Zeitung* war Louis-François Mettra, der in Neuwied ab 1784/85 eine Druckerei und einen Verlag betrieb, wo u.a. auch damals verbotene Schriften Voltaires erschienen. Teilweise wird als Verleger auch Johann Ludwig Gehra genannt, der ebenfalls der Loge *Caroline zu den drei Pfauen* angehörte und später Besucher der Bonner Lesegesellschaft, wenn auch nicht deren Mitglied war. Gehra war auch Verleger der 2. Auflage der Vertonung der Oden von Friedrich Gottlieb Klopstock durch Beethovens Lehrer Neefe. Der Sachse Christian Gottlob Neefe war ein weithin bekannter und anerkannter Komponist und wurde schon 1781 als

Musikdirektor des neuen Bonner Theaters aufgeführt. Wiewohl Calvinist wurde er 1782 Hoforganist am Bonner Hof des katholischen Kölner Kurfürsten und Erzbischofs. Dort war der junge Ludwig van Beethoven sein Schüler, weil dessen Vater Johann früh erkannt hatte, dass er seinem Sohn nichts mehr beibringen konnte. Neefe setzte den erst 11-jährigen Beethoven auch sogleich als seinen Vertreter im Orgeldienst ein. Aber Neefe war nicht nur wichtig für Beethovens musikalische Entwicklung, sondern beeinflusste als engagierter Anhänger der Aufklärung auch die geistige Entwicklung des jungen Musikers. Er verfasste nämlich nicht nur unterschiedlichste Schriften, sondern war auch aktiv bei den Illuminaten, in Freimaurer-Logen und Mitbegründer der aufklärerischen Bonner Lesegesellschaft. Ihn hat sicherlich der Inhalt der Neuwieder *Freymaurer-Zeitung* ebenso interessiert, wie ihn das Schubart zugeschriebene Gedicht mit Vertonung fasziniert haben dürfte. Es spricht alles dafür, dass er seinen Schüler Beethoven so mit Inhalt und Vertonung von *An die Freude* konfrontiert hat.

Als Textdichter und Komponist der Vertonung des Schiller-Gedichts war in der *Freymaurer-Zeitung* irrtümlich Christian Friedrich Daniel Schubart genannt worden. Er war in Aalen als Sohn eines Pfarrvikars geboren worden und wurde 1769 als Organist und Musikdirektor an den württembergischen Hof nach Ludwigsburg berufen. Wegen seiner zunehmenden Kritik an Aristokratie und Klerus verwies ihn Herzog Carl Eugen von Württemberg, der später auch Schiller vertrieben hat, vier Jahre später des Landes.

In Augsburg gründete Schubart dann 1774 die Zeitschrift *Teutsche Chronik*, in der vor allem gegen Jesuiten polemisiert wurde. Nach einem Verbot in Augsburg setzte er diese Arbeit ein Jahr später in Ulm fort. Immer wieder kritisierte er scharf u. a. den württembergischen Herzog. 1777 wurde er in dessen Auftrag in einen Hinterhalt gelockt und zehn Jahre lang ohne Prozess in der Festung Hohenasperg inhaftiert.

Schubart war bald das in Deutschland wohl bekannteste Opfer absolutistischer Willkürherrschaft. In der Haft wurde er

u. a. 1781 auch von Friedrich Schiller besucht. Trotz zahlreicher Fürbitten auch prominenter Freunde, wurde er erst 1787 freigelassen und dann allerdings sogar zum Musik- und Theaterdirektor am Herzogshof zu Stuttgart ernannt.

Noch im letzten Jahr seiner Festungshaft hatte Schubart 1787 das *Kaplied* gedichtet und vertont. Es ist ein scharfer Protest dagegen, dass Herzog Carl Eugen aufgrund eines Vertrages mit der niederländischen Ostindien-Kompanie ein Söldnerheer aus Landeskindern an das Kap der Guten Hoffnung geschickt hatte. Beethoven schenkte 1790 oder 1791 in Bonn seinem Freund Franz Gerhard Wegeler ein Blatt, das auch eine Klavierübertragung dieses *Kaplieds* enthielt.

Davon, dass Beethoven den Musikschriftsteller und Komponisten achtete, zeugt auch, dass sich Schubarts 1806 veröffentlichte Publikation *Ideen zu einer Ästhetik der Tonkunst* in Beethovens Handbibliothek befand.

Abbildung 4: Christian Friedrich Daniel Schubart (1739-1791) - Stich von Christian Jakob Schlotterbeck nach einer eigenen Zeichnung
Beethoven-Haus Bonn, B 1111

Dass die Vertonung von Schillers Gedicht in der Neuwieder *Freymaurer-Zeitung* irrtümlich Schubart zugeschrieben wurde, dürfte Beethovens besonderes Interesse geweckt haben. Dieser hatte offenbar Bonn besucht, bevor er 1777 seine zehnjährige Festungshaft antreten musste, und galt vor allem als einer der besten Klavierspieler der Zeit. Johann Wolfgang von Goethe vermerkte dazu 1787, dass er damals *„für unerreichbar gehalten"*[10] wurde. Goethe schrieb seine Anerkennung genau in jener Zeit, in der Schubarts vermeintliche Schiller-Vertonung in Neuwied gedruckt wurde.

Auch Friedrich Schiller, der Schubart 1781 in der Festungshaft besucht hatte, hatte übrigens von der angeblichen Schubart-Vertonung seines Gedichts gehört, denn er schrieb am 19. Dezember 1787 an Gottfried Körner: *„Von Schubart existirt auch eine Composition meiner Freude, die ich Dir, wenn Du sie haben willst, kann abschreiben lassen."*

Offenbar lagen Schiller aber die Noten der vermeintlichen Schubart-Komposition nicht vor, da ihm sonst wahrscheinlich aufgefallen wäre, dass es sich dabei um die Vertonung von Körner handelte, die er im Jahr zuvor an den Verleger der Thalia übersandt hatte. Übrigens hat später, nämlich 1789, auch Schubart Schillers *An die Freude* vertont. Diese Komposition ist jedoch nicht erhalten.

---

10 Goethe's Werke, vollständige Ausgabe letzter Hand, Bd. 29: Zweyter Römischer Aufenthalt vom Juny 1787 bis April 1788, Stuttgart und Tübingen 1829, S. 146.

Wie Schiller den Bonner Beethoven prägte

Auch wenn Beethoven das Gedicht *An die Freude* damals wohl noch nicht Schiller zuordnen konnte, waren die Werke des Dichters in Bonn so gegenwärtig, dass sie dem jungen Musiker kaum entgangen sein werden.

Die Aufmerksamkeit dürfte vor allem durch die große Resonanz ausgelöst worden sein, die Schiller mit seinem Drama *Die Räuber* auslöste. Angeregt wurde er dazu übrigens durch die Erzählung *Zur Geschichte des menschlichen Herzens*, die Christian Friedrich Daniel Schubart 1775 geschrieben hatte. Da er keinen Verleger fand, veröffentlichte Schiller den Text zunächst im Juni 1781 anonym im Eigenverlag. Aber schon im Oktober enthüllten Thüringer Zeitungen seine Autorenschaft.

In Schillers Werk geht es um die rivalisierenden Brüder Karl und Franz Moor: der eine war der vom gräflichen Vater bevorzugte freiheitsliebende Anführer einer Räuber-Bande, der andere kämpfte eifersüchtig um das väterliche Erbe. Mit dieser Gegenüberstellung kritisierte Schiller offen das herrschende Feudalsystem und schrieb ein flammendes Plädoyer für die Freiheit des Einzelnen. Gleich zu Beginn bezieht der Titelheld klar Stellung: *„Ich soll meinen Leib pressen in eine Schnürbrust und meinen Willen schnüren in Gesetze. Das Gesetz hat zum Schneckengang verdorben, was Adlerflug geworden wäre. Das Gesetz hat noch keinen großen Mann gebildet, aber die Freiheit brütet Kolosse und Extremitäten aus.... Stelle mich vor ein Heer Kerls wie ich und aus Deutschland soll eine Republik werden, gegen die Rom und Sparta Nonnenklöster seyn sollen.“*[11]

Bewusst hatte Schiller die Handlung in die Gegenwart gelegt (*„Der Ort der Geschichte ist Teutschland, die Zeit ungefehr zwei Jahre“*). Aber für die Mannheimer Uraufführung am 13. Januar 1782 musste er akzeptieren, dass die Bühnenfas-

---

11 Friedrich Schiller, Die Räuber. Frankfurt und Leipzig: 1781, Seite 20.

sung gegenüber der Druckausgabe um 300 Jahre vorverlegt und so die Handlung scheinbar entschärft wurde. Dennoch war die Wirkung gewaltig.

Zur Uraufführung strömten 1.200 Besucher aus der ganzen Region herbei, *„um dieses berüchtigte Stück, das eine außerordentliche Publizität erlangt hatte, von Künstlern aufführen zu sehen, die auch unbedeutende Rollen mit täuschender Wahrheit gaben"*. So erinnerte sich später Schillers Schulkamerad Andreas Streicher. Er hatte die Aufführung in Mannheim mit dem Schiller heimlich besucht, floh mit ihm dann aus Württemberg und war später Klavierbauer in Wien, wo er Beethoven kennenlernte..

Streicher beschrieb auch, die Schiller durch den überwältigenden Erfolg des Dramas schlagartig bekannt wurde: *„Der Ruhm des Dichters blieb aber nicht auf sein Vaterland beschränkt. Ganz Deutschland ertönte von Bewunderung und Erstaunen, daß ein Jüngling seine Laufbahn mit einem Werke eröffne, womit andere sich glücklich preisen würden, die ihrige beschließen zu können."*[12]

Die Räuber kamen bereits ein Jahr nach der Mannheimer Uraufführung in der Spielzeit 1782/83 in Bonn auf die Bühne. Am 20. Juli 1783 fand am Bonner Hoftheater sogar die Uraufführung von Schillers zweitem Drama *Die Verschwörung des Fiesko zu Genua* statt, in dem der Kampf um den Erhalt der Republik Genua gegen tyrannische Ambitionen im Mittelpunkt steht.

Es gab damals eine besondere Verbindung von Schiller nach Bonn. Bereits im November 1778 hatte Graf Belderbusch, dem Kurfürst Maximilian Friedrich praktisch alle Regierungsgeschäfte überlassen hatte, dem Schauspieler und Regisseur Gustav Friedrich Wilhelm Großmann die Leitung des neuen Nationaltheaters in Bonn übertragen. Großmann, der auf Bühnen in ganz Deutschland arbeitete, war mit Gottfried Ephraim Lessing befreundet und wurde z.B. in Frankfurt von Goethes Mutter gefördert. Er war es auch, der ein Jahr

---

12 Andreas Streicher, Schiller´s Flucht von Stuttgart und Aufenthalt in Mannheim 1782 bis 1785, Stuttgart und Augsburg, 1836, S. 27.

später Christian Gottlob Neefe als Musikdirektor nach Bonn verpflichtete. Beide kamen aus der zerfallenden sächsischen Seylerschen Theatertruppe, die auch in Bonn gastiert hatte. Großmann hatte von dem Verleger und Schiller-Förderer Christian Friedrich Schwan, der schon *Die Räube*r verlegt hatte, von dem neuen Schiller-Stück erfahren. Mit der schnellen Bonner Uraufführung half er Schiller auch im Blick auf dessen finanzielle Probleme. So begann eine anhaltende Freundschaft zwischen beiden. Auch Schillers *Kabale und Lieb*e kam nach der Frankfurter Uraufführung am 13. April 1784 noch im gleichen Jahr auf die Bonner Bühne. Schon im März hatte Großmann das Stück nach Bonn mitgebracht. Schillers Werke wurden auch regelmäßig in Bonner Buchhandlungen angeboten und in der Presse beworben. Sie spielten also auf und neben der Bühne in Bonn eine wichtige Rolle, die dem heranwachsenden Beethoven kaum entgangen sein dürfte.

Dazu kam um 1785 der engere Kontakt des jungen Musikers mit der Familie von Breuning. Nach dem Tod der eigenen Mutter 1787 war die Witwe Helene von Breuning und ihren vier mit Beethoven fast gleichaltrigen Kindern zu einer Art von Ersatzfamilie für ihn geworden.

Dieses neue Umfeld erweiterte Beethovens Horizont, denn er konnte am Hausunterricht für die Breuningschen Kinder teilnehmen. Sein Freund Franz Gerhard Wegeler erinnerte sich später: *„Die erste Bekanntschaft mit deutscher Literatur, vorzüglich mit Dichtern, so wie seine erste Bildung für das gesellschaftliche Leben erhielt Ludwig in der Mitte der Familie von Breuning in Bonn."*

Dieser Bildungsanspruch entsprach auch Beethovens Selbstverständnis. So schrieb er um 1816/17 an den Musikschriftsteller Franz Sales Kandler, es sei *„die Pflicht jedes Tonsezers überhaupt alle ältern u. neuern dichter zu kennen".*

Abbildung 5: Friedrich Schiller (1759-1805) -
Stich von János Blaschke nach einer Marmorbüste
von Johann Heinrich von Dannecker
Beethoven-Haus Bonn, Le 8 SCHIL e / 1810 Schil

Die Präsens der Schillerschen Werke in Bonn zeigt sich auch in
den Einträgen im sogenannten „Stammbuch", das Beethoven
von Freunden zu seinem Abschied aus Bonn Anfang November 1792 übergeben wurde. Auf 18 Blättern finden sich dabei
15 Eintragungen, die ein Spiegel des intellektuellen Umfelds
von Beethoven und seiner Freunde sind.
Acht Beiträge nutzten Zitate prominenter Autoren, die alle-
samt der Aufklärung verbunden waren: Mit drei Einträgen

wird dabei am häufigsten Schiller zitiert. Die Stammbuch-Einträge verwenden Zitate ohne die jeweiligen Autoren zu nennen, denn die Freunde gehen offenbar davon aus, dass Beethoven sie zuordnen kann, weil das Zitierte zur gemeinsamen Lektüre gehörte.

Bemerkenswert ist, dass sowohl die verwitwete Wirtin von Beethovens Stammkneipe *Zehrgarten*, Anna Marie (*„Wittib"*) Koch, als auch ihr Sohn auf Schillers 1787 erschienenes Drama Don Carlos zurückgriffen. Anna Maria Koch zitierte aus dem, was Marquis von Posa als Advokat von Freiheit und Menschlichkeit im vierten Akt zur Königin sagt, jene Passage, die eine musikalische Allegorie verwendet:

> *„Gehört die süße harmonie, die in*
> *dem saitenspiele schlummert, seinem Kaüfer,*
> *der es mit taubem ohr bewacht! Er hat*
> *daß recht erkauft, in trümmern es zu schlagen,*
> *doch nicht die Kunst, dem silberton zu rufen*
> *und in des Liedes wonne zu zerschmelzen.*
> *Bonn d. 1 ten 9 br 1792*
> *Ihre wahre freundin wittib Koch*
> *am abend unseres abschiedes"*[13]

Ihr Sohn Matthias übernahm neben dem Klopstock-Zitat:

> *„Die Unsterblichkeit*
> *Ist ein großer Gedanke*
> *Ist des Schweißes der Edlern werth!"*

die unmittelbar folgenden Verse aus *Don Carlos*:

> *„Die Wahrheit ist vorhanden für den weisen*
> *Die Schönheit für ein fühlend Herz".*

---

13 Zitate aus Die Stammbücher Beethovens und der Babette Koch, in Faksimile mit Einleitung und Erläuterungen hg. von Max Braubach, 2., um eine Textübertragung von Michael Ladenburger erweiterte Auflage (Veröffentlichungen des Beethoven-Hauses in Bonn, Neue Folge, Reihe 3, Bd. 9), Bonn 1995, S. 7, 13 und 32.

Abbildung 6: Der Eintrag von Matthias Koch
in Beethovens Stammbuch,
fol. 8r Österreichische Nationalbibliothek Wien, Cod. 15259

Mit einem weiteren Zitat aus derselben Szene des **Don Carlos**
schloss sich auch der Bruder der Witwe, Jakob Klemmer, mit
seinem Eintrag an:

> *„sagen sie ihm, daß er für die Träume seiner Jugend*
> *soll achtung tragen, wenn er Mann sein wird,*
> *nicht öffenen soll dem todtenden Insekte*
> *gerühmter besserer Vernunft das Herz*
> *der zarten Götterblume daß er nicht*
> *soll irre werden, wenn des staubes Weißheit*
> *Begeisterung, die Himmels Tochter lästert*
> *Bonn d. 1 ten 9 vembre 1792*
> *Dein Freünd Klemmer"*

Beethoven selbst verwendete kurz nach seiner Ankunft in Wien am 22. Mai 1793 ein Schiller-Zitat, wiederum aus *Don Carlos*, auf einem Stammbuchblatt für Theodora Johanna Vocke, einer Pfarrerstochter aus der Gegend um Ansbach. Es stammt aus dem zweiten Akt, wo Don Carlos den König mit den Worten beschwört:

„Ich bin nicht schlimm ... – heißes Blut
ist meine Bosheit – mein Verbrechen Jugend.
Schlimm bin ich nicht, schlimm warlich nicht; wenn auch
oft wilde Wallungen mein Herz verklagen,
Mein Herz ist gut. –"

Diesem Zitat fügte Beethoven als eigenen Sinnspruch hinzu:

„Wohlthun, wo man kann Freiheit über alles lieben,
Wahrheit nie, auch sogar am Throne nicht verleugnen.
Wien, den 22. Mai 1793.
Denken Sie auch ferner zuweilen ihres
Sie verehrenden Freundes Ludwig Beethoven
aus Bonn im Kölnischen"[14]

Der Zusatz belegt nicht nur Beethovens Kenntnis über den Kontext des Schiller-Zitates – Don Carlos versucht am Hofstaat vorbei zu seinem Vater durchzudringen –, sondern ist zugleich, ausgedrückt in der Grußzeile, ein Bekenntnis zu seiner Heimatstadt Bonn.

Auch für den Eintrag in das Stammbuch seines Bonner Freundes Lorenz von Breuning bei dessen Wien-Aufenthalt nutzte Beethoven am 1. Oktober 1797 Schillers *Don Carlos*. Er übernahm dabei wörtlich, auch hier offenbar in Kenntnis des vollständigen Schiller-Textes, was ihm 1792 Matthias Koch ins Stammbuch geschrieben hatte, und fügte eine persönliche Widmung für Lorenz von Breuning hinzu:

14 Zitiert nach Joseph Schmidt-Görg, Ein Schiller-Zitat Beethovens in neuer Sicht, in: Musik – Edition – Interpretation. Gedenkschrift Günter Henle, hg. von Martin Bente, München 1980, S. 422–426.

„Die Wahrheit ist vorhanden für den Weisen,
die Schönheit für ein fühlend Herz.
Sie bejde gehören für einander.
Wien, 1797 am Iten Oktober.
lieber guter Breuning,
nie werde ich sowohl die Zeit, die ich schon in Bonn,
als auch hier mit Dir zubrachte, vergessen, erhalte
mir Deine Freundschaft, so wie Du mich immer gleich finden
wirst.
Dein wahrer Freund l. v. Beethowen"[15]

Eigenhändig abgeschrieben hat Ludwig van Beethoven um 1819 auch einige „Sinnsprüche" aus Schillers Aufsatz *Die Sendung Moses*, der 1790 im 10. Heft der *Thalia* erschienen ist. Handschriftlich fand sich hinter Glas auf dem Arbeitsplatz des Komponisten, was der Dichter dort zitiert als Inschriften auf einer alten Bildsäule der Isis (*Ich Bin, Was da ist*), einer Pyramide in Sais (*Ich bin alles, Was ist, Was / war, und Was seyn wird, / Kein sterblicher Mensch / hat meinen Schleyer / aufgehoben) und aus einem ägyptischen Hymnus (Er ist einzig von ihm selbst, / u. diesem Einzigen sind / alle Dinge ihr Daseyn schuldig).*
Schillers Aufsatz ist zwar in Beethovens Bonner Jahren erschienen und wurde auch in den vom Dichter 1792 in Leipzig herausgebrachten *Kleine prosaische Schriften* abgedruckt, aber es könnte auch sein, dass der Komponist in einer der Wiener Kommissionsausgaben von Anton Doll 1810 bzw. 1817 auf den Text gestoßen ist.
Seine Wertschätzung für Friedrich Schiller brachte Beethoven an vielen weiteren Stellen zum Ausdruck. Als unter der neuen Leitung des Wiener Unternehmers Joseph Hartl von Luchsenstein 1808/09 an den Wiener Hoftheatern die Idee aufkam, zu Dramen von Goethe und Schiller Musik komponieren zu lassen, lag Beethovens Priorität bei Schiller. Sein Schüler Carl Czerny erinnerte sich dazu später: *„Als beschlossen ward, Schillers Tell und Göthes Egmont auf den*

---

15 Beethoven-Haus Bonn, Sammlung Wegeler, W 7.

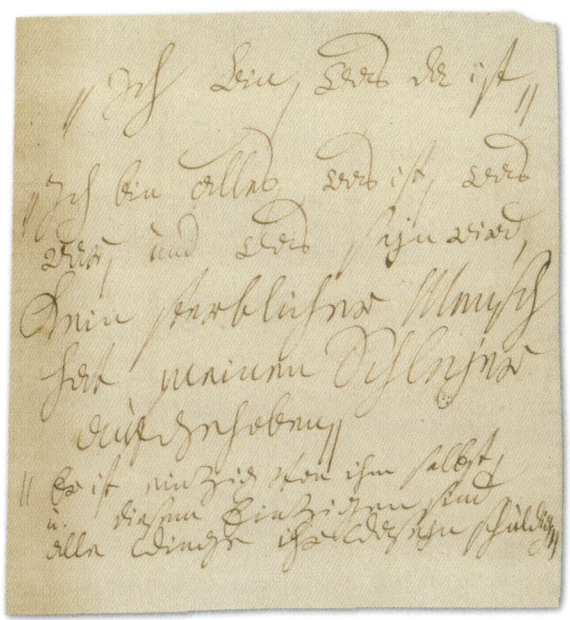

Abbildung 7: Friedrich Schiller, Sinnsprüche, aus „Die Sendung Moses", Autograph Beethovens Beethoven-Haus Bonn, Sammlung Wegeler, W 23

Stadtbühnen aufzuführen, entstand die Frage, wer dazu die Musikstücke componiren sollte. Beethoven und Gyrowetz wurden gewählt. Beethoven wünschte sehr den Tell zu bekommen. Aber eine Menge Intriguen wurden gesponnen, um ihm den (wie man hoffte) minder musikalisch geeigneten Egmont zuzuweisen. Er bewies indessen, daß er auch zu diesem Drama eine Meister-Musik machen konnte, und bot dazu alle Kraft seines Genies auf."[16]

Am 8. August 1809 bat Beethoven den Verlag Breitkopf & Härtel um *„eine Ausgabe von Göthe's und Schiller's vollständigen Werken"* und fügte hinzu *„die zwei Dichter sind meine*

---

16 Zitiert nach Alexander Wheelock Thayer, Ludwig van Beethovens Leben, bearbeitet von Hermann Deiters, neu bearbeitet und ergänzt von Hugo Riemann, Band 3, Leipzig 1911, S. 91.

lieblingsdichter". Dabei sah er aus kompositorischer Perspektive deutliche Unterschiede zwischen den beiden Dichterfürsten und sagte 1811 zu seinem Schüler Carl Czerny: *„Schillers Dichtungen sind für die Musik äußerst schwierig. Der Tonsetzer muß sich weit über den Dichter zu erheben wissen. Wer kann das bei Schiller? Da ist Göthe leichter."*[17]

Als zwölf Jahre später der Londoner Kaufmann Johann Reinhold Schultz am 28. September 1823 Beethoven in Baden besucht hatte, hielt er in seinem ausführlichen Bericht *A Day with Beethoven* für die Zeitschrift *Harmonicon* (Januar 1824) über den Komponisten fest: *„of the native poets, he studies Schiller and Goethe in preference to any other".*

Wenig später schrieb Beethoven am 23. Januar 1824 an den Vizepräsidenten der Gesellschaft der Musikfreunde in Wien Raphael Georg Kiesewetter: *„… was mich aber angeht, so will ich lieber selbst Homer, Klopstock Schiller in Musik setzen, wenigstens wenn man auch Schwierigkeiten zu besiegen hat, so verdienen dieses diese unsterblichen Dichter".*

Den todkranken Beethoven fragte im Januar 1827 Gerhard von Breuning, Sohn seines engen Weggefährten Stephan von Breuning, offenbar in der Hoffnung, dass dies dem Kranken Erleichterung bringe: *„Willst Du vielleicht Schiller lesen?"*[18]

Friedrich Schiller und sein Werk hatten also seit den Bonner Jahren großen Einfluss auf Ludwig van Beethoven. Vor diesem Hintergrund muss auch der direkte Kontakt gesehen werden, den Beethovens Freund Bartholomäus Fischenich 1791/92 mit dem Dichter etablieren konnte.

---

17 Zitiert nach Beethoven aus der Sicht seiner Zeitgenossen in Tagebüchern, Briefen, Gedichten und Erinnerungen, hg. von Klaus Martin Kopitz und Rainer Cadenbach unter Mitarbeit von Oliver Korte und Nancy Tanneberger, München 2009, Bd. 1, S. 227.

18 Ludwig van Beethoven, Konversationshefte, Band 1-11, hg. von Karl-Heinz Köhler, Grita Herre, Dagmar Beck, Leipzig 1972- 2001, Band 11 S. 77.

Wie der Beethoven-Freund Fischenich Schillers Bote in Bonn wurde

Bartholomäus Fischenich war der Sohn des Küsters der Remigiuskirche Konrad Fischenich und seiner Frau Anna Maria geb. Löltgen. Er wurde am 2. August 1768 getauft und war damit fast gleichaltrig mit Beethoven. Die Familie wohnte in unmittelbarer Nähe der Kirche, die auch die Pfarrkirche der Beethovens war. Sein Onkel Ferdinand Löltgen war dort Kaplan.

Abbildung 8: Bartholomäus Fischenich (Fotografie einer unbekannten Zeichnung durch Gerhard Sachsse), Stadtarchiv und Stadthistorische Bibliothek Bonn Sign. DA01_15481)

Damit wuchs Bartholomäus Fischenich im gleichen Umfeld wie Beethoven auf und gehörte wohl schon als Kind und Jugendlicher zu dessen Freundeskreis. Er besuchte wie Ludwig van Beethoven eine der Bonner Trivialschulen und dann 1778-81 das Gymnasium. Schon früh – 1779 bzw. 1781 – hatte er Vater und Mutter verloren. Sein Onkel, der Kaplan, übernahm die Vormundschaft.

Mit dem Stipendium einer adligen Familienstiftung in Köln konnte Fischenich 1782–1784 dort das Montanergymnasium besuchen. Am 27. Januar 1785 begann er an der Artistenfakultät der Kölner Universität ein Philosophiestudium, das er im September 1786 als Magister abschloss. Dann begann er zunächst in Köln ein Jurastudium an, das er ab Herbst 1787 in Bonn fortsetzte. Grund für den Ortswechsel war wohl eine kurfürstliche Anordnung, dass man in Bonn studiert haben musste, um eine Beamtenstelle am Hof zu erhalten.

Zurück in seiner Heimatstadt stieß Fischenich bald – wie Beethoven – zu dem Freundeskreis, der sich regelmäßig in der Gaststätte *Zehrgarten* am Bonner Marktplatz traf. 1790/91 erhielt er eine Anstellung als Schöffe beim Gericht in Bonn und fiel ob seiner Begabung auch Kurfürst Max Franz auf. Dieser berief ihn als Professor für Natur- und Völkerrecht an die Bonner Universität, verlangte aber von dem 22-Jährigen aber –ähnlich wie von Beethoven -, sich vorher außerhalb Bonns fortzubilden.

Fischenichs Wahl fiel auf Jena. Dort lehrte der Naturrechtler Gottfried Hufeland, dessen 1785 erschienener *Versuch über den Grundsatz des Naturrechts auf die Philosophie* von Immanuel Kant Bezug nahm und vielfach gelobt wurde. Außerdem hatte in Jena unter großer öffentlicher Aufmerksamkeit 1789 Friedrich Schiller eine außerordentliche Professur für Philosophie angetreten. Da so auch eine Verbesserung seiner finanziellen Verhältnisse eintrat, konnte Schiller am 22. Februar 1790 die von ihm umworbene Charlotte von Lengefeld heiraten.[19]

19 Mit der Heirat des bürgerlichen Friedrich Schiller verlor Charlotte ihren Adelstitel, den sie erst 1802 mit der Nobilitierung ihres Mannes erneut erhielt. Deshalb ist sie im Folgenden für die Zeit vor 1802 als Charlotte Schiller und die Zeit danach als Charlotte von Schiller bezeichnet.

Über Charlottes Jugendfreund, den Jura-Studenten Fritz von Stein, der als Heranwachsender zunächst bei Goethe in Weimar und dann bei den Schillers in Jena ein Zimmer bezogen hatte, wurde Bartholomäus Fischenich bald nach seiner Ankunft in Jena im Sommer 1791 Teil einer täglichen Tischgemeinschaft in Schillers Haus. Vor allem wegen seiner philosophischen Interessen und seiner außergewöhnlichen Kenntnis der Philosophie Kants war er ein von dem Dichter sehr geschätzter Gesprächspartner.

Nachdem Studienjahr in Jena brach Fischenich in der ersten Oktoberhälfte zur Rückreise nach Bonn auf. Von unterwegs schrieb er am 13. Oktober an Charlotte Schiller, dass er zwei Tage später in Bonn eintreffen werde: *„Ich kann mich von unserer Trennung noch kaum überzeugen, und doch bin ich schon einige 30 Meilen von den Meinigen, die ich liebe, und schätze, entfernt."*[20] So traf er Beethoven in Bonn noch an, bevor dieser am 2. November nach Wien aufbrach. In seiner Heimatstadt trat Fischenich nach seiner Rückkehr mit großem Erfolg bei der Studentenschaft seine Professur an.

Den Schillers blieb Bartholomäus Fischenich eng verbunden. Davon zeugt ein intensiver Briefwechsel, den er auch nach Friedrich Schillers Tod 1805 mit Charlotte Schiller bis zu deren Ableben am 9. Juli 1826 fortsetzte.

Zugleich entwickelten sich besondere Bande der Familie Schiller ins Rheinland. Als Fischenich 1819 nach Berlin versetzt wurde, kam nämlich Ernst von Schiller, der 1796 in Jena geborene zweite Sohn des Dichters, als Assessor ans Landgericht nach Köln. Er heiratete 1823 in Bonn die wohlhabende vierzehn Jahre ältere Maria Magdalena von Pfingsten verwitwete Mastiaux, die ihre Tochter Therese mit in die kinderlose Ehe brachte.

Durch diese Heirat war Ernst von Schiller mit einer der führenden Familien im Bonner Raum verbunden, die auch Beziehungen zu Beethoven hatte. Seine Frau war nämlich nicht nur die Schwester des Bürgermeisters von Vilich, Gabriel

20 Archivdatenbank des Goethe- und Schiller-Archivs, Signatur GSA 83/1734.

von Pfingsten, sondern in erster Ehe seit 1808 mit Kaspar Anton Joseph Maria von Mastiaux[21] verheiratet gewesen.

Der Vater ihres verstorbenen Mannes, Hofrat Johannes Gottfried von Mastiaux, war ein besonderer Kristallisationspunkt des Musiklebens in Beethovens Bonner Jahren. Am 30. März 1783 wird er im *Magazin der Musik* in einem wohl von Neefe verfassten Bericht charakterisiert als *„ein Mann, der kein Vergnügen kennt und wünscht, als das Vergnügen der Music; sie ist seine liebste, seine tägliche Gesellschafterinn. … Er ist der Einzige, der schon seit geraumer Zeit den Winter hindurch wöchentlich ein Concert bey sich giebt, woran jeder Musicliebhaber, er sey fremd oder einheimisch, Antheil nehmen kann. … Jeder Musiker ist sein Freund, ist ihm willkommen."* Mastiaux, der eines der 20 Zimmer in seinem Haus als Musikzimmer reserviert hatte, besaß allein von Haydn die Noten von 80 Symphonien, 40 Trios und 30 Quartetten sowie mehr als 50 Klavierkonzerte verschiedener Komponisten. Er nannte sieben Klaviere und zahlreiche Streichinstrumente sein Eigen. Mit seinen fünf talentierten Kindern Max, Kaspar Anton Johannes Nepomuk, Kaspar Anton Joseph Maria, Joseph und Amalia – wie Neefe schrieb, spielten *„alle Clavier, zum Theil Geige, Bratsche und Violoncell"* – praktizierte Mastiaux regelmäßig Hausmusik. Neefe schilderte die Szene mit den Worten: *„Es ist in der That für einen fühlenden Mann kein geringes Vergnügen, einen Vater mitten unter seinen Kindern sitzen zu sehen, und ihn mit selbigen ein Quintett ausführen zu hören."* Amalia hat wohl auch von Beethoven Klavierunterricht erhalten. Man kann sicher davon ausgehen, dass alle fünf Kinder mit dem jungen Beethoven musiziert haben. Die Mastiaux-Witwe, die Ernst von Schiller heiratete, dürfte die Erinnerungen ihres ersten Mannes weitergegeben haben, zumal Beethoven damals immer prominenter wurde.

---

21 Hier kommt es immer wieder zu Verwechslungen von Zwillingsbrüdern, die beide Kaspar Anton hießen. Kaspar Anton Johannes Nepomuk Mastiaux (1766–1828) war der wesentlich bekanntere: Er war Mitbegründer der Bonner Lesegesellschaft und dann deren Direktor, wurde 1789 zum Priester geweiht, musste wegen aufklärerischer Flugschriften das Erzbistum verlassen und wurde später Domprediger in Augsburg.

1824 wurde Ernst von Schiller Assessor am Appellationsgericht in Köln, 1828 Landgerichtsrat in Trier. Er unterhielt gute Kontakte nach Berlin, auch zu Kronprinz Friedrich Wilhelm IV, und wurde 1835 an den Rheinischen Appellationsgerichtshof nach Köln berufen. Zuletzt bekleidete er das Amt eines Staatsprokurators in Bonn.

Ernst von Schiller starb am 19. Mai 1841 im Alter von nicht einmal 45 Jahren in Vilich bei Bonn wie sein berühmter Vater an Lungentuberkulose. Im Bonner Ortsteil Vilich ist eine Straße nach ihm benannt. Bestattet wurde er auf dem Alten Friedhof in Bonn im Grab seiner Mutter. Charlotte von Schiller war im Herbst 1825 zu ihrem Sohn nach Bonn gereist, um sich dort einer Augenoperation zu unterziehen. Kurz danach erlitt sie einen Schlaganfall und verstarb am 9. Juli 1826. Zwei Tage später wurde sie auf dem Alten Friedhof in Bonn bestattet.

Abbildung 9: Grabstein Charlotte von Schiller und Ernst von Schiller auf dem Alten Friedhof in Bonn. Auf dem Grabstein ist das Todesdatum von Ernst von Schiller fälschlicherweise mit 29. Mai 1841 angegeben. Tatsächlich ist er am 19. Mai 1841 verstorben. (Foto: Arnulf Marquardt-Kuron)

Schon 1821 hatte Charlotte von Schiller ihren Sohn vier Tage in Bonn besucht und schrieb darüber am 17. November 1821 an Bartholomäus Fischenich mit der spöttischen Eingangsbemerkung "ehe ich mich ganz an die rheinischen Sitten gewöhne, wo man eher spricht als schreibt":

„Hätten Sie mit mir in Ihrer Vaterstadt herumgehen können, wo ich vier Tage war, wie hätte ich mit Rührung mit Ihnen die Plätze besucht, wo Sie mit Ihrer Familie lebten, wo Sie sich später so wohl in Ihrem Geschäftsleben fühlten, wo so viele ruh'n , die Sie an das Leben banden! Ich habe auch dort gefühlt, wie Sie an meinem Glück, an meinem Schmerz theilgenommen. Nicht wahr, in Bonn erhielten Sie die Nachricht über Schillers Hingang? Dort beweinten Sie ihn, und mich? An der schönen Bildsäule der heiligen Helena, in dem schön gewölbten Münster, dachte ich, daß auch Sie dort manche frommen Wünsche und Gebete ausgesprochen. Ich habe auf meine Weise dort gebetet."[22]

Es folgte Loblied auf Fischenichs Heimatstadt. Schon am 11. Februar 1793 hatte Friedrich Schiller an Fischenich geschrieben: *„Ich vermisse es oft mit Leidwesen, daß der schöne Name Bonn nicht mehr in meinem Zimmer erschallt."*

Und auch Charlotte von Schiller hatte gleich nach Fischenichs Abreise aus Jena mit ihm Kontakt aufgenommen. In diesem Zusammenhang kam es auch zu den Passagen im Briefwechsel zwischen beiden im Januar / Februar 1793, die sich – ohne dass dessen Name genannt wurde – auf Beethoven bezogen. Fischenich hatte bei seinem Aufenthalt in Jena die junge Dichterin Sophie Schubart[23] getroffen, die von Friedrich Schiller gefördert wurde. Dieser hatte schon ihr erstes Gedicht *Bei Frankreichs Feier. den 14ten Junius 1790*[24] mit der Verfasserangabe *„von Demoiselle ***" 1790* im elften Heft seiner Zeitschrift *Thalia* veröffentlicht. Es handelte sich dabei um eine Hommage an die Französische Revolution.

---

22 Johann Heinrich Hennes, Andenken an Fischenich, Stuttgart und Tübingen 1841, S. 150 ff.

23 Nicht verwandt mit dem Schriftsteller, Komponisten und Freiheitskämpfer Christian Friedrich Daniel Schubart

24 Da sich das Gedicht offenkundig auf den 14. Juli bezieht, dürfte hier ein Druckfehler vorliegen.

Vermutlich hat Fischenich das 1792 von Sophie Schubart verfasste Gedicht *Feuerfarb´* aus Jena nach Bonn mitgebracht und Beethoven zur Vertonung angeregt. Jedenfalls wurde es im Augustheft 1792 des *Journals des Luxus und der Moden* nur anonym veröffentlicht. Gezeichnet war das Gedicht dort nur mit *„Sophie"* und die Redaktion versah es mit der Anmerkung: *„Wir bringen der uns unbekannten Verfasserin und gütigen Einsenderin dieses überaus artigen und lieblichen Bouquets hierdurch unsern öffentlichen Dank, und wünschen daß es ihr gefällig sein möchte sich uns näher bekannt zu machen."*

Im freiheitlichen Geist der Aufklärung beschreibt der Text, dass alle Farben vergänglich seien und nur die *„Farbe der Wahrheit"* ewig bleibe und sich nicht wandele. Beethoven stellte seine Vertonung zwar 1792 fertig, sie wurde aber erst 1805 als op. 52 Nr. 2 veröffentlicht. Dabei verwendete Beethoven für die dritte und die letzte Strophe die 1800 erschienene und umgearbeitete Textfassung und nannte auch Sophie Mereau als Autorin. Sophie Schubart hatte nämlich 1793 den Jenaer Juraprofessor Friedrich Ernst Carl Mereau geheiratet, den sie offenbar durch Schiller kennengelernt hatte. Unter dem Namen Mereau wurde sie als Schriftstellerin bekannt, ließ sich aber 1801 nach unglücklicher Ehe von ihrem Mann scheiden und heiratete 1804 den Schriftsteller Clemens Brentano.

Man kann davon ausgehen, dass auch Charlotte Schiller das Gedicht kannte und Fischenich deshalb in seinem Brief vom 26. Januar 1793 nur den Titel zu nennen brauchte, als er Beethovens Vertonung nach Jena schickte. Auch die Kurzbezeichnung *„Schillers Freude"* in Fischenichs Brief zeigt an, dass er sicher war, dass die Adressatin Charlotte Schiller wusste, dass das Gedicht An die Freude ihres Mannes gemeint war.

Jedenfalls schrieb Fischenich am 26. Januar 1793 – wenige Wochen nach Beethovens Abreise nach Wien – an Friedrich Schillers Frau Charlotte: *„Ich lege Ihnen eine Composition der Feuerfarbe, bei und wünschte ihr Urtheil darüber zu vernehmen. Sie ist von einem hiesigen jungen Mann, dessen* musikalische Talente allgemein angerühmt werden, und den nun der Kurfürst nach Wien zu Haidn geschickt hat. Er wird auch Schillers Freude und zwar jede Strophe bearbeiten. Ich erwarte etwas vollkommenes denn so viel ich ihn kenne, ist er ganz für das Große und Erhabene."[25]

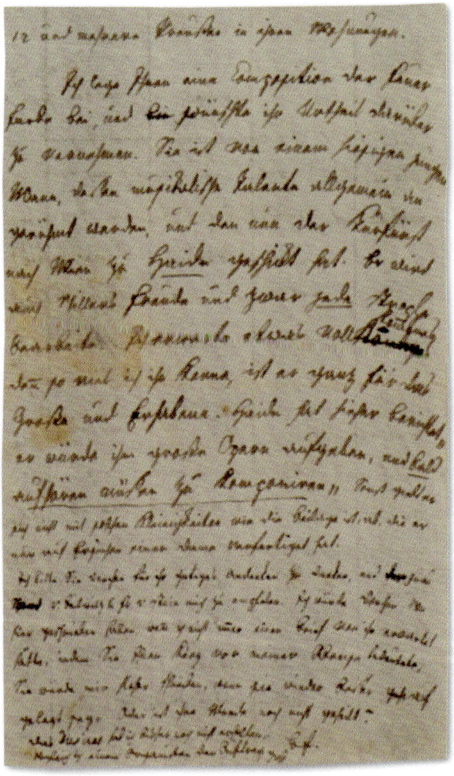

Abbildung 10:
Brief von Bartholomäus Fischenich an Charlotte Schiller vom 26. Januar 1793
Klassik Stiftung Weimar, Goethe- und Schiller-Archiv, GSA 83/1734

Bezogen auf die beigefügte Komposition Feuerfarb' fügte Fischenich über Beethoven hinzu: „Sonst giebt er sich nicht mit solchen Kleinigkeiten wie die Beilage ist, ab, die er nur auf Ersuchen einer Dame verfertiget hat."

25 Archivdatenbank des Goethe- und Schiller-Archivs, Signatur GSA 83/1734.

Bei der von Fischenich ausdrücklich erwähnten *„beigelegten"* Vertonung der *Feuerfarb´* durch Beethoven, muss es sich um eine Abschrift gehandelt haben, denn Beethoven hatte das Original noch vorliegen als er am 7. Oktober 1803 dem Verleger Ferdinand Ries eine Abschrift zur Veröffentlichung schickte.

Der Brief von Fischenich an Charlotte Schiller ist zwar erhalten, aber leider ohne die beigefügte Anlage. Man kann mit an Sicherheit grenzender Wahrscheinlichkeit davon ausgehen, dass Charlotte Schiller ihrem Mann die Bonner Komposition gezeigt hat, so dass Friedrich Schiller wohl auch einen von Beethoven selbst erstellten Autographen in der Hand gehalten hat. Auf dieser Abschrift dürfte auch der Name des Komponisten vermerkt gewesen sein, so dass den Schillers spätestens in diesem Zusammenhang – wenn nicht schon durch Erzählungen von Fischenich bei dessen Jena-Aufenthalt - der Name Beethoven bekannt gewesen sein müsste.

Am 11. Februar 1793 antwortete Charlotte Schiller an Fischenich: *„Die Komposition der Feuerfarbe ist sehr gut; ich verspreche mir viel von dem Künstler, und freue mich, daß er die Freude komponirt."*[26] Sehr wahrscheinlich hat Charlotte ihren Mann von der Absicht einer erneuten Vertonung seiner Zeilen unterrichtet.

Umgekehrt hat Beethoven sicherlich von Fischenich erfahren, wer der tatsächliche Autor des Schubart zugeschriebenen Gedichts in der Neuwieder *Freymaurer-Zeitung* war. Das gilt umso mehr als Fischenich im April 1792 während seines kurzen Studienaufenthalts in Leipzig gemeinsam mit Schiller Körner besucht hat, der Schillers Ode als erster vertont hatte. Es wäre erstaunlich, wenn bei dieser Gelegenheit nicht auch Körners Komposition zur Sprache gekommen wäre, zumal man auch den Thalia-Verleger Georg Joachim Göschen getroffen hat. Es ist also durchaus möglich, dass Fischenich die Thalia-Ausgabe nach Bonn mitgebracht hat, in der Schillers

---

26 Zitiert nach Beethoven aus der Sicht seiner Zeitgenossen in Tagebüchern, Briefen, Gedichten und Erinnerungen, hg. von Klaus Martin Kopitz und Rainer Cadenbach unter Mitarbeit von Oliver Korte und Nancy Tanneberger, München 2009, Bd. 1, S. 272.

Gedicht und Körners Vertonung erstmals abgedruckt waren. Jedenfalls ist dies wahrscheinlicher als die Möglichkeit, dass Beethoven auf einen der wenigen vor der Rückkehr von Fischenich nach Bonn erschienen Drucke gestoßen wäre, in denen Schiller als Autor des Gedichts erstmals ausdrücklich genannt wurde. Es handelte sich dabei um Kleinstauflagen meist im Eigenverlag für den Gebrauch in Freimaurer-Logen oder für eine überschaubare Anzahl von Subskribenten.

Noch im Dezember 1785 – also bevor das Gedicht und die Körner-Vertonung überhaupt gedruckt erschienen waren - war eine Vertonung von Johann Christian Müller in Leipzig entstanden. Schiller erfuhr davon, weil ihm Johann Friedrich Kunze, ein gemeinsamer Bekannter aus Körners Freundes-kreis, geschrieben hat: *„Ich habe einen dummen Streich ge-macht, und Dein Gedicht so vielen Menschen vorgelesen als ich his jezt noch gesehen habe. Daher kömmts, daß es wenigstens schon 10 mahl In Abschriften existirt, und Müller es bereits componirt hat. ... Müller schickt Dir hiermit seine Composition, die er gern in der Thalia gedruckt sähe."*[27]

Diese Anregung griff Schiller nicht auf. Müllers Vertonung wurde dann vom Verlag Breitkopf gedruckt. Dazu berichtet die *Allgemeine Deutsche Bibliothek* in ihrer Publikations-übersicht 1788: „Friedrich Schillers Ode an die Freude, in Musik gesetzt, und der gerechten und vollkommenen Loge zu den drey Flamen in Görlitz mit Unterthänigkeit gewidmet von Johann Christian Müller, Leipzig bei Breitkopf 1786. Fol. Ohne Titel und Text, 2 Seiten" und fügt als vernichtendes Ur-teil hinzu: *„Was soll man über 16 Takte mit unreinen Harfen-bässen, worüber der Verfasser den völlig beruhigenden Ton-schluß vergessen hat, in einer Recension sagen."* Erstmals wird hier übrigens für das Schiller-Gedicht die Bezeichnung *„Ode"* verwendet.

Auch der Dresdener Hofkapellmeister Johann Gottlieb Naumann hat die *„Ode"* offenbar früh vertont, denn Schil-

27 Zitiert nach Georg Günther, Frühe Schiller-Vertonungen bis 1825
    (Denkmäler der Musik in Baden-Württemberg, 18), München 2005,
    S. XLV.

ler schrieb Körner am 5. Januar 1787: *„Die Wagnern hat mir Naumanns Musik zu der Freude gespielt ... Ueberhaupt, glaube ich, hast Du oder wer mir die Composition tadelte, ihm zu viel gethan. Dein Chor gefällt mir ungleich besser als seiner".*

Am 17. Dezember 1788 erwähnte die *Musikalische Real-Zeitung* eine weitere Komposition: *„An die Freude. Ein Rundgesang von Schiller. In die Musik gesetzt von Ge. Wilh. Gruber, Kapellmeister. Nürnberg auf Kosten des Tonsetzers".* Im Eigenverlag gedruckt wurde 1790 in Memmingen auch die Fünfte Lieder=Sammlung mit Klavier=Melodien. In die Musik gesetzt von Christoph Rheineck mit einer Vertonung des Schiller-Gedichts unter Nennung des Autors. Das gilt auch für die Sammlung *Scherz und Ernst in XII Liedern* (Dresden 1789) von Friedrich Franz Hurka.

In Stuttgart erschien 1790 in der Sammlung *Musikalischer Potpourri* eine Schiller-Vertonung von Johann Rudolf Zumsteeg, der mit dem Dichter seit Stuttgarter Schulzeiten befreundet war. Im gleichen Jahr erschien in Ulm 1790 ein *Liederbuch für Freunde des Gesangs* des schwäbischen evangelisch-lutherischen Pfarrers Samuel Baur. Dort ist in der Abteilung *„Gesellschaftslieder"* das Gedicht *An die Freude* abgedruckt und Schiller wird im Register als *„Dichter"* genannt. Als *„Componist"* benennt Baur sich selbst, ohne dass die Noten erhalten wären.[28]

Im gleichen Jahr erschien in Hamburg ein Druck (*„zu bekommen in allen Zeitungsläden"*) mit einer ausdrücklichen Zuschreibung des Gedichtes an Schiller. Dieser Druck hat auch die Vertonung offenkundig aus der Zeitschrift *Thalia* übernommen (*„An die Freude (Melodie von K***)".*[29] An-

---

28 Samuel Baur, Liederbuch für Freunde des Gesangs, Ulm 1790, S. 47/48 und 249.

29 Zitiert nach Friedrich Böttner, Schillers Hymne an die Freude, Georg Heinrich Sieveking – Das Revolutionsfest Hamburg 1790, in: Quatuor Coronati. Jahrbuch für die Freimaurerforschung 26 (1989), S. 35–64, hier S. 35. Der 1790 in Hamburg von Friedrich Wilhelm von Schütz herausgegebene „Versuch einer vollstaendigen Samlung Freimaurer-Lieder zum Gebrauch der Loge Ferdinand zum Felsen in Hamburg" druckte das Gedicht zwar ab, aber wiederum ohne den Autor zu nennen.

fang des Jahres 1791 war in Berlin eine Vertonung der *Ode an die Freude von Friedrich Schiller mit Musik von Johann Abraham Peter Schulz* gedruckt worden. Schulz, von dem die bekannten Melodien zu *Der Mond ist aufgegangen* und *Ihr Kinderlein kommet* stammen, bestritt allerdings in einer Erklärung in der *Musikalischen Korrespondenz der teutschen Filharmonischen Gesellschaft zu Speier* vom 13. April 1791 ausdrücklich die Autorenschaft.

Diese frühen Vertonungen zeigen, wie anregend Schillers Text von Anfang an auf Komponisten wirkte. Insofern ist Beethovens Interesse an einer Vertonung des Gedichts nicht außergewöhnlich. Es liegt nahe, dass das Interesse des jungen Bonner Komponisten schon geweckt wurde, als er dort auch die Schubart zugeschriebene Vertonung sah. Spätestens Beethovens Bewunderung für Schiller hat aber sicherlich seine Absicht beflügelt, das Gedicht zu vertonen, als ihm Schiller als Autor bekannt wurde. Fischenich hat als Bote Schillers in Bonn dabei sicherlich eine wichtige Rolle gespielt.

Bartholomäus Fischenich war übrigens in Bonn auf den zweiten Vornamen „Franziskus" getauft worden. Dennoch hat sich nach seinem Tod als zweiter Vorname für ihn „Ludwig" etabliert. Dieser taucht ohne erkennbaren Anlass erstmals in einem Nachruf des *Bonner Wochenblatts* am 12. Juni 1831 auf. Im Unterschied zum Nekrolog auf Fischenich in der *Allgemeinen Preußischen Staatszeitung* vom 8. Juni 1831, der wortgleich in der Kölnischen Zeitung vom 12. Juni nachgedruckt wurde, erwähnt das *Bonner Wochenblatt* auch Fischenichs Jenaer Zeit und Friedrich Schiller, *„mit dem er in einem Hause wohnte, im innigsten Verhältnis stand."* Vielleicht wollte der Autor des Nachrufs mit dem erfundenen zweiten Vornamen „Ludwig" darüber hinaus noch einen besonderen Fingerzeig auf die Verbindung des in Berlin verstorbenen Bonner Juristen mit dem Bonner Komponisten geben.

Wie die Melodie der Ode ihren Ursprung in Bonn gehabt haben könnte

Wann genau Ludwig van Beethoven die von Bartholomäus Fischenich aus Bonn an Charlotte Schiller übermittelte Absicht einer Vertonung von Schillers Gedicht umgesetzt hat, bleibt unklar. Eine eigene Beethovensche Liedfassung der Ode *An die Freude* hat es aber wohl schon früh gegeben. Diesen Schluss lässt ein Brief zu, den Ferdinand Ries in Beethovens Auftrag am 13. September 1803 an den Verleger Nikolaus Simrock geschrieben hat. Darin heißt es: *„Auch können Sie jetzt 8 Lieder von Beethoven und ein Präludium, die er seinem jüngsten Bruder für einige erwiesene Gefälligkeiten schenkte, kaufen. Er fordert 200 Thlr., der Text ist folgender: Nr. 1. Feuerfarb´ 2. Die Ruhe 3. Maigesang. 4. Der freie Mann 5. Von der Liebe 6. Marmotte 7. An die Freude 8. Das Blümchen Wunderhold. Er machte sie vor 4 Jahren. Ich wünschte bald hierüber Antwort zu haben."*

Danach wären diese Klavierlieder um 1799 entstanden. Mindestens drei Lieder (*Feuerfarb', Die Liebe, Der freie Mann*) können aber in ihrer Entstehung schon der Bonner Zeit zugeordnet werden. Es ist also nicht ganz ausgeschlossen, dass Beethoven die von Fischenich gegenüber Charlotte Schiller angekündigte Komposition bereits in Bonn begonnen hat. Sechs der genannten Lieder erschienen 1805 in *Acht Lieder verschiedener Verfasser für Singstimme und Klavier op. 52*[30]. Das in dieser Sammlung nicht berücksichtigte Lied *Der freie Mann für Singstimme*, einstimmigen Chor und Klavier WoO 117 wurde von Simrock 1808 veröffentlicht. Ausgerechnet die Vertonung von *An die Freude* ist aber verschollen. Besonders ab Mitte der 1790er Jahre – also nach Fische-

---

30 Dabei handelt es sich um Feuerfarb´, Das Liedchen von der Ruhe, Maigesang, Von der Liebe, Marmotte und Das Blümchen Wunderhold. Dazu kamen Urians Reise um die Welt und Mollys Abschied.

nichs Mitteilung an Charlotte Schiller - setzte eine Flut Vertonungen von Schillers Ode ein, die im Unterschied zu den erwähnten ersten musikalischen Umsetzungen des Textes auch größere Verbreitung fanden. Aus heutiger Sicht prominentester Komponist war dabei 1815 der gerade einmal 17-jährige Franz Schubert.

Am 22. April 1818 fällte die Allgemeine *Musikalische Zeitung* allerdings ein vernichtendes Urteil: *„Schillers herrliches Lied an die Freude hat seit seiner ersten Erscheinung unzähliche Compositionen veranlasst, (hat man doch, selbst von gedruckten, ganze Sammlungen zusammengestellt!) und auch nicht Eine hat befriediget."* Bis heute wurde Schillers Gedicht übrigens mehr als 100-mal in Musik gesetzt.

Wie populär schon damals An die Freude war, mag man daran erkennen, dass am 4. August 1795 Wilhelm von Humboldt an Schiller schrieb: *„In der Camera obscura von Berlin (einem niederträchtigen Wochenblatt) ist Ihr Lied an die Freude parodirt u. den bekanntesten Freudenmädchen in den Mund gelegt. Wir umarmen Millionen, unsern Kuß der ganzen Welt soll sich, wie man versichert, sehr gut ausnehmen."*[31]

In einem Brief an Gottfried Körner hatte sich Friedrich Schiller übrigens schon am 21. Oktober 1800 von seinem Gedicht distanziert: *„Die Freude hingegen ist nach meinem jetzigen Gefühl durchaus fehlerhaft und ob sie sich gleich durch ein gewißes Feuer der Empfindung empfiehlt, so ist sie doch ein schlechtes Gedicht und bezeichnet eine Stufe der Bildung, die ich durchaus hinter mir lassen mußte um etwas ordentliches hervorzubringen. Weil sie aber einem fehlerhaften Geschmack der Zeit entgegenkam, so hat sie die Ehre erhalten, gewissermaßen ein Volksgedicht zu werden. Deine Neigung zu diesem Gedicht mag sich auf die Epoche seiner Entstehung gründen; aber diese giebt ihm auch den einzigen Werth, den es hat, und auch nur für uns und nicht für die Welt noch für die Dichtkunst."*

31 Wilhelm von Humboldt Briefe, Band 3 Juli 1795 – Juni 1797 (herausgegeben und kommentiert von Philip Mattson) Berlin/Boston 2017, S. 35.

Während Beethovens Begegnung mit Schillers Gedicht eindeutig für die Bonner Zeit nachweisbar ist, ist es nicht zu klären, ob auch die Melodie der Ode *An die Freude* im vierten Satz der Neunten Symphonie Bonner Ursprunge haben konnte.

Diese Frage liegt nicht nur wegen der unbekannten Melodie der verschollenen Liedvertonung nahe, sondern es gibt auch einen konkreten Hinweis auf einen möglichen Bonner Ursprung: Beethovens Melodie für Schillers Ode hat nämlich frühe Vorfahren, die er kaum verändert hat.

So findet sich die Melodie nahezu unverändert bereits als bestimmendes Motiv in der 1808 uraufgeführten *Fantasie für Klavier, Chor und Orchester op. 80*. Diese Komposition Beethovens wurde lange unterschätzt, bis man in ihr einen Vorläufer des Schlusschores seiner 9. Sinfonie erkannte. Beethoven hatte das Werk, das Merkmale einer Klavierfantasie, eines Klavierkonzertes und einer Kantate vereint, unmittelbar vor dessen Uraufführung als Schlussstück seiner großen Akademie am 22. Dezember 1808 im Theater an der Wien komponiert. Bei dieser Akademie konnte man übrigens Beethoven zum letzten Mal auf großer Bühne als Klaviervirtuosen erleben.

In der Chorfantasie hat Beethoven wiederum die Melodie aus einer seiner noch früheren Kompositionen übernommen. Sein Schüler Czerny erinnerte sich später: *„Er [Beethoven] wählte ein schon viele Jahre früher komponiertes Liedermotiv, entwarf die Variationen, den Chor usw., und der Dichter Ch. Kuffner musste dann schnell die Worte (nach Beethovens Angabe) dazu dichten.“*[32]

---

32   Zitiert nach Alexander Wheelock Thayer Ludwig van Beethovens Leben, bearbeitet von Hermann Deiters, neu bearbeitet und ergänzt von Hugo Riemann, Band 3, Leipzig 1911, S. 59.
     Christoph Kuffner (1780–1846) war damals Geheimer Staats- und Konferenzrat im Österreichischen Staatsdienst. Zufrieden war Beethoven offenkundig mit dessen Gedicht nicht, denn er erwähnte den Textdichter bei der Uraufführung nicht und dessen Name wird auch in der Erstausgabe nicht genannt. Beethoven gab seinem Leipziger Verleger Härtel sogar ausdrücklich freie Hand, *„vielleicht einen anderen Text“* zu *„unterlegen“*. Allerdings *„müsste bei einer andern Unterlegung das Wort Kraft beibehalten werden, oder ein andres äußerst ähnliches, dafür an die Stelle kommen“*.

Abbildung 11: Die Melodien im Vergleich: Oben links „Seufzer eines Ungeliebten (mit: Gegenliebe)", Lieder für Singstimme und Klavier WoO 118 Erstausgabe, WoO 118, WoO 135, Diabelli, 6271 (Beethoven-Haus Bonn, C 248 / 39, S. 8) Oben rechts: Fantasie für Klavier, Chor und Orchester (c-Moll) op. 80, Bearbeitung für Klavier und Chor, Partitur, Breitkopf und Härtel, 7542 (Beethoven-Haus Bonn, C 80 / 9, S. 22/23)
Unten: Sinfonie Nr. 9 (d-Moll) op. 125, 4. Satz, Klavierauszug, Schott, 2539 (Beethoven-Haus Bonn, Sammlung Schott Verlagsarchiv, C 125 / 50, S. 6/7)

Die bestimmende Melodie der Chorfantasie, die kaum verändert in die Neunte übernommen wurde, stammt in der Tat aus dem von Beethoven schon 1794 komponierten *Lied für Singstimme* und Klavier *Gegenliebe* (zusammen mit *Seufzer eines Ungeliebten* WoO 118). Dessen Entstehungszeit wird um 1794/95 verortet, könnte aber durchaus Bonner Ursprünge haben.

Mit der *Gegenliebe* vertonte Beethoven ein Gedicht von Gottfried August Bürger, das um 1774 entstanden war und 1778 veröffentlicht wurde. Dass es 1783 schon von Joseph Haydn in Musik gesetzt worden war, dürfte Beethoven dabei nicht entgangen sein. Wahrscheinlich hat auch Neefe seinem Schüler Beethoven Gedichte von Bürger, die damals als beliebtes Liedmaterial von mehr als 180 Komponisten genutzt wurden, nahegebracht hat. Beethovens Lehrer hatte vor seiner Bonner Zeit selbst eine ganze Reihe von Gedichten Bürgers vertont. Neefes Lehrer Johann Adam Hiller hatte mit dem Minnelied sogar schon 1773 einen Text von Bürger mit seiner Musik unterlegt.

Bis heute ist Gottfried August Bürger übrigens bekannt als Autor der 1786 erschienenen *Wunderbaren Reisen zu Wasser und zu Lande, Feldzüge und lustige Abenteuer des Freiherrn von Münchhausen*: wie er dieselben bei der Flasche im Zirkel seiner Freunde selbst zu erzählen pflegt.

Dass Beethoven die Gedichte Bürgers gut kannte, zeigt auch das Zitat aus einem von dessen Gedichten in seinem Stammbuchblatt für Jeanette d'Honrath, für die der junge Komponist in seinen Bonner Jahren romantische Gefühle hegte. Das Blatt stammt aus der Zeit zwischen September 1787 und Oktober 1792:

„Ein volles Herz giebt wenig Klang;
Das leere klingt aus allen Tönen.
Man fühlet dennoch seinen Drang;
Und ach! versteht sein stummes Sehnen.

Bürger.

Zu immer größerer Freundschaft
emphielt sich
Ludwig van Beethowen
Hofmusikus in Bonn."[33]

---

33 Zitiert nach Grita Herre, Ein frühes Stammbuchblatt Beethovens, in: Bonner Beethoven-Studien 5 (2006), S. 115–117, Abbildung, S. 117.

Damit zitierte der junge Komponist unter Nennung des Dichters die zweite Hälfte der 14. Strophe des 1778 veröffentlichten Bürger-Gedichts *Die beiden Liebenden*, das insgesamt 19 Strophen hat.

Neben der Gegenliebe hat Beethoven auch die Gedichte *Molly's Abschied* und *Das Blümchen Wunderhold* von Gottfried August Bürger in Musik gesetzt und in den *Acht Liedern verschiedener Verfasser für Singstimme und Klavier op. 52* veröffentlicht. Auch ihre Entstehungszeit ist nicht sicher nachzuweisen. Es ist aber nicht auszuschließen, dass diese Bürger-Texte und die Gegenliebe, schon fertiggestellt, zu dem Material gehörte, das Beethoven von Bonn nach Wien mitbrachte.

Neben der nachgewiesenen Begegnung Beethovens mit dem Schiller-Gedicht in Bonn ist es also durchaus möglich, dass Beethovens wohl bekannteste Komposition auch ihren musikalischen Anfang in seiner rheinischen Heimat genommen hat. So hätte er in Wien im vierten Satz der Neunten in Text und Musik zusammengeführt, was ihn schon in Bonn beschäftigte, aber dort noch unverbunden war.

Wie der Bonner Ferdinand Ries zum Auftraggeber der Neunten wurde

Den Auftrag zur Komposition einer 9. (und 10. Sinfonie) erhielt Ludwig van Beethoven von dem Bonner Ferdinand Ries, der damals einer der Direktoren der *Philharmonic Society of London* war.

Die Familie Ries war in Beethovens Bonner Jahren eine einflussreiche Musiker-Dynastie. Johann Ries, gleichsam der „Urvater" der Familie, war schon 1747 als Trompeter und ab 1754 als Geiger Mitglied in der Hofkapelle. Damit war er Kollege von Beethovens Großvater.

Zwei der vier Kinder von Johann Ries wurden ebenfalls Mitglieder der Hofkapelle: Johanns älteste 1745 geborene Tochter Anna Maria (verheiratete Drewer) war eine viel gelobte Sängerin, der 1755 geborene Sohn Franz Anton galt als Wunderkind und wurde 1774 offiziell als Geiger in die Hofkapelle aufgenommen. Er gehörte ihr – in den 1790er Jahren als Konzertmeister bzw. Musikdirektor – bis zu deren Auflösung 1794 an. Beide waren also Kollegen von Ludwig van Beethoven.

Franz Anton Ries erteilte Beethoven zeitweise Geigenunterricht und war sein väterlicher Freund. Er unterstützte ihn nach dem Tod der Mutter und nahm, als Beethoven schon in Wien war, dessen Gehalt entgegen, um damit die jüngeren Beethoven-Brüder versorgen zu können. Von ihm erfuhr Beethoven in Wien vom Tod seines dem Alkohol verfallenen Vaters. Ludwig van Beethoven hat Franz Anton Ries zeitlebens verehrt. 1845 konnte dieser hochbetagt im Alter von 90 Jahren sogar noch die Enthüllung des Beethoven-Denkmals auf dem Bonner Münsterplatz erleben.

Während der französischen Besetzung Bonns ab 1794 und der damit verbundenen Auflösung der Hofkapelle war Franz Anton Ries zeitweise als Landwirt bzw. Steuereinnehmer in Godesberg tätig, bevor er wieder als Musiklehrer wirken konnte. Auch drei seiner elf Kinder wurden Musiker. Am bekanntesten ist der 1784 geborene Ferdinand, der später in Wien Schüler und Assistent von Beethoven war und dann selbst in ganz Europa ein gefeierter Pianist, Dirigent und Komponist wurde. Sein Bruder Hubert wurde später Konzertmeister in Berlin, ein weiterer Bruder, Joseph Franz, war Klavierbauer in Wien.

Ferdinand Ries war erst acht Jahre alt, als Beethoven Bonn verließ. Die mit der französischen Besetzung Bonns verbundene Auflösung der Hofkapelle machte für ihn eine – an sich naheliegende – berufliche Zukunft als Hofmusiker unmöglich. Mit seinem Vater schlug er sich zunächst mehr schlecht als recht in Bonn durch. 1798 ging er nach Arnsberg im Sauerland, wohin auch das Kölner Domkapitel geflohen war, um sich bei einem mit seinem Vater befreundeten Organisten weiterzubilden.

Offenbar hat Franz Anton Ries in dieser Zeit Beethoven darum gebeten, seinem Sohn in Wien zu helfen. Beethoven jedenfalls schrieb am 29. Juni 1801 an seinen Bonner Freund Franz Gerhard Wegeler: *„wegen Rieß, den mir herzlich grüße, was seinen sohn anbelangt, will ich dir näher schreiben, obschon ich glaube, daß um sein Glück zu machen Paris besser als wien sey, Vien ist überschüttet mit Leuten, und selbst dem Bessern Verdienst fällt es dadurch hart, sich zu halten – bis den Herbst oder bis zum Winter werde ich sehen, was ich für ihn thun kann, weil dann alles wieder in die Stadt eilt"*.

Ferdinand Ries war inzwischen nach München gereist, wo er auch als Notenkopist arbeitete. Wann genau er nach Wien aufbrach, ist nicht ganz klar. Jedenfalls hatte er zwei Empfehlungsschreiben im Gepäck. Eines stammte von dem Münchner Hofkapellmeister Carl Cannabich und war an den Komponisten, Pianisten und späteren Klavierbauer Andreas Streicher – Schillers Schulfreund – in Wien gerichtet, den Cannabich aus gemeinsamen Münchner Jahren kannte.

Für Beethoven hatte Ferdinand Ries ein Empfehlungsschreiben seines Vaters mitgebracht. Er erinnerte sich später: Beethoven *„las den Brief durch und sagte: ‚ich kann Ihrem*

Vater jetzt nicht antworten; aber schreiben Sie ihm, ich hätte nicht vergessen, wie meine Mutter starb; damit wird er schon zufrieden sein." Mit dieser Erinnerung an die Hilfe, die er selbst in Bonn von Franz Anton Ries erhalten hatte, nahm Ludwig van Beethoven sich nun in Wien dessen Sohn an.

Ferdinand Ries war nicht nur Beethovens Schüler, sondern wurde bald sein Assistent. Dass er im Sommer 1804 mit Beethovens *Klavierkonzert Nr. 3* C-moll op. 37 debütieren durfte, erfüllte ihn mit besonderem Stolz: *„Beethoven hatte mir sein schönes Concert in c moll (Opus 37) noch als Manuscript gegeben, um damit zum ersten Male öffentlich als sein Schüler aufzutreten; auch bin ich der Einzige, der zu Beethoven's Lebzeiten je als solcher auftrat. ... Beethoven selbst dirigirte und drehte nur [die Seiten] um und vielleicht wurde nie ein Concert schöner begleitet."*

Dieses Konzert wurde für den Neunzehnjährigen ein voller Erfolg, der umso schwerer wog, als Beethoven im Jahr zuvor bei der Uraufführung den Klavierpart des 3. Klavierkonzerts nach Einschätzung der *Zeitung für die elegante Welt* vom 16. April 1803 *„nicht zur vollen Zufriedenheit des Publikums"* gespielt hatte.

An seinen Klavierlehrer erinnerte sich Ries später mit den Worten: *„Wenn Beethoven mir Lection gab, war er, ich möchte sagen, gegen seine Natur, auffallend geduldig. Ich mußte dieses, so wie sein nur selten unterbrochenes freundschaftliches Benehmen gegen mich größtentheils seiner Anhänglichkeit und Liebe für meinen Vater zuschreiben."* Beethoven unterstützte Ferdinand Ries auch finanziell.

Aus den Beschreibungen von Ferdinand Ries wird immer wieder deutlich, wie eng das Verhältnis der beiden war: *„Er hatte mich wirklich lieb, und gab mir davon einmal einen sehr komischen Beweis in seiner Zerstreuung. Als ich nämlich aus Schlesien zurückkam, wo ich auf Beethovens Empfehlung längere Zeit auf den Gütern des Fürsten Lichnowsky als Clavierspieler mich aufgehalten hatte, und in sein Zimmer trat, wollte er sich eben rasiren und war bis an die Augen (denn so weit ging sein erschrecklich starker Bart,) eingeseift. Er sprang auf, umarmte mich herzlich und siehe*

da, er hatte die Schaumseife von seiner linken Wange auf
meine rechte so vollständig übertragen, daß er auch nichts
daran zurückbehielt. Ob wir lachten? Auch mußte Beethoven wohl Privatnotizen von daher über mich haben; denn er
kannte mehrere meiner jugendlichen Unbesonnenheiten,
mit denen er mich jedoch nur neckte. Bei vielen Veranlas-
sungen bewies er mir eine wahrhaft väterliche Theilnahme."
Diese glückliche Zeit der beiden Bonner in Wien endete im
November 1805 als Ries von den Franzosen, die seine rheinische Heimat besetzt hatten, zur Musterung in Koblenz vor-
geladen wurde. Wegen einer früheren Krankheit blieb ihm
das Militär erspart, und er reiste zunächst zu seinem Vater
nach Bonn. Dort war er als Komponist, Pianist und Klavierlehrer tätig und arbeitete für den Verleger Nikolaus Simrock
einige Streichtrios und Streichquartette Beethovens zu Kla-
viertrios um.
1806 veröffentlichte Ferdinand Ries übrigens in Bonn bei
Nikolaus Simrock zwei Klaviersonaten als sein Opus 1, das
er Beethoven zueignete. In dem sehr ausführlichen Widmungstext heißt es u.a.: „Ich ergreife diese Gelegenheit, Ihnen öffentlich meinen tief und lebhaft empfundenen Dank
auszusprechen für die Vertraulichkeit, mit der Sie mich aufzunehmen geruht haben, und für die Freundschaft, mit der
Sie mich beehrt haben. Die Erinnerung an die mit Ihnen gemeinsam verbrachten angenehmen Stunden wird niemals
aus meinem Herzen gelöscht werden; und wenn meine Be-
mühungen mit Erfolg gekrönt werden sollten, so ist es Ihr
Rat, dem ich ihn verdanke, glücklich, wenn ich eines Tages
in den Augen der Öffentlichkeit den doppelten und ruhm-
reichen Titel rechtfertigen kann, der einzige Schüler und der
Freund eines so großen Meisters zu sein."[34]
Es war auch Ferdinand Ries, der Beethoven in seiner Heimatstadt, wo dessen Werke damals praktisch nicht zu Gehör
gebracht wurden, für kurze Zeit wieder stärker in den Blick

---

34 Übersetzung aus dem Französischen in: Ferdinand Ries, Sämtliche
Sonaten und Sonatinen für Klavier zu zwei Händen, Bd. 1, hg. Von
Bert Hagels, Berlin 2006, S. III-XIII, hier S. V.

rückte. Er spielte bei Konzerten in Bonn und Köln als – wie es in der Ankündigung hieß – *„Schüler des berühmten Beethoven"* dessen 3. Klavierkonzert, das er 1804 bei seinem ersten öffentlichen Auftritt in Wien mit großem Erfolg aufgeführt hatte, und Beethovens *32 Variationen über ein eigenes Thema* WoO 80. Außerdem wurde in dem Konzert mit der *2. Sinfonie* op. 36 wohl erstmals eine Beethovensche Sinfonie in Bonn aufgeführt.

Wegen mangelnder beruflicher Perspektiven in Bonn siedelte Ries dann 1807 nach Paris über, kehrte aber nach einer wenig erfolgreichen Zeit am 27. August 1808 wieder nach Wien zurück. Dort stand er wieder im Kontakt mit Beethoven, musste aber 1809 überstürzt Wien erneut verlassen, weil ihm die Einberufung dieses Mal zum österreichischen Militär drohte, das alle Kräfte gegen die Bedrohung Wiens durch Napoleon mobilisierte.

Ferdinand Ries fand erneut bei seinem Vater in Bonn Unterschlupf, wo er u.a. seine erste Sinfonie komponierte. Im Januar 1811 brach er von Godesberg zu einer ausgedehnten Konzertreise auf, die ihn über Kassel, Hamburg, Kopenhagen und Stockholm nach St. Petersburg führte. 1812 floh er erneut vor Napoleon, der gegen Moskau vorrückte, über Stockholm nach London, wo er im April 1813 eintraf.

In der britischen Hauptstadt wurde Ferdinand Ries von dem Bonner Johann Peter Salomon, der als Hofmusiker in Bonn auch Geigenlehrer seines Vaters gewesen war in die gehobene Gesellschaft eingeführt. Salomon weilte bereits seit 1781 in London und hatte auch die Londoner Aufenthalte von Joseph Haydn organisiert. Dabei hatte er dafür gesorgt, dass dieser auf seiner ersten Londonreise an Weihnachten 1790 und der Rückreise im Juli 1792 in Bonn Station machte. Haydn hatte dort Beethoven getroffen und ihm wohl den Unterricht in Wien angeboten, zu dem Beethoven am 2. November 1792 aus Bonn aufbrach.

Wie die Familie Ries hatte auch die Familie Salomon in der Bonner Musikszene viele Spuren hinterlassen. Vater Philipp A. Salomon gehörte 1765–1780 als Oboist und Violinist der kurfürstlichen Kapelle an. In den ersten Jahren musizierte er also unter der Leitung von Hofkapellmeister Ludwig van Beethoven d.Ä., der ihn offenbar förderte. Johann van Beethoven war sein Kollege in der Hofkapelle.

Philipp A. Salomon hatte drei musikalische Kinder: Johann Peter spielte schon 1758 als 13-jähriger Geiger im Orchester. 25 Jahre vor dem Komponisten Ludwig van Beethoven war er im Vorderhaus von Beethovens späterem Geburtshaus in der Bonngasse geboren worden. Um 1771 zogen die Salomons wieder in das Haus in der Bonngasse zog, in dem jetzt auch die Beethovens wohnten. Johann Peters fünf Jahre jüngere Schwester Anna Jacobina war als Altistin eine Schülerin von Beethovens Vater Johann. Eine weitere Schwester namens Anna Maria war ebenfalls als Sopranistin im kurfürstlichen Ensemble tätig.

Johann Peter Salomon hatte Bonn 1764, also noch vor der Geburt von Ludwig van Beethoven, verlassen, um Konzertmeister im königlich preußischen Rheinsberg zu werden. Er ließ aber den Kontakt in seine Heimatstadt nie abreißen und hat bei seinen Besuchen in Bonn auch den jungen Beethoven getroffen.

Nur wenige Wochen vor der Ankunft von Ries gehörte Salomon am 6. Februar 1813 zu den 30 Musikern, die die *Philharmonic Society of London* – ab 1912 *Royal Philharmonic Society* - gründeten. Schon im Gründungskonzert der Gesellschaft am 8. März, das Salomon leitete, stand eine Beethoven-Sinfonie auf dem Programm. Werke von Beethoven wurden dann in jedem der acht Konzerte in der ersten Konzertsaison der *Philharmonic Society of London* gespielt. Von den 40 Konzerten der Gesellschaft von 1818 – 1822 hatten nur vier keine Beethoven-Kompositionen im Programm.

Mit Salomon in London hatte Beethoven schon vor der Gründung der Philharmonischen Gesellschaft Kontakt. So schickte er ihm z. B. 1801 sein *Septett für Violine, Viola, Violoncello, Kontrabass, Klarinette, Horn und Fagott* op. 20 *„um es in seinem Concert aufzuführen, dies geschah bloß auf Freundschaft"*.

Mit der Anrede *„Mein Verehrter LandsMann"* wandte sich Beethoven dann am 1. Juni 1815 mit der Bitte an Salomon, einige seiner Werke an englische Verleger zu vermitteln. Da Salomon im November des gleichen Jahres an den Folgen eines Reitunfalls verstarb, konnte er sich darum nicht mehr kümmern. Kurz zuvor hatte er Ferdinand Ries noch als Testamentsvollstrecker eingesetzt.

Beethoven schrieb am 28. Februar 1816 an Ferdinand Ries: *„Salomons Tod schmerzt mich sehr, da er ein edler Mensch ware, dessen ich mich von meiner Kindheit erinnere. Sie sind Testaments-Executor geworden, und ich zur gleichen Zeit Vormund des Kindes meines armen verstorbenen Bruders."*

Ries hatte sich inzwischen durch eigene Reputation und mit Salomons Hilfe in London als angesehener Musiker etabliert. 1814 heiratete er Harriet Mangeon aus einer angesehenen Londoner Familie. Seine Werke wurden ab Februar 1814 regelmäßig bei den Konzerten der *Philharmonic Society of London* aufgeführt. Er wurde 1815 Mitglied und noch im selben Jahr zu einem der Direktoren der Gesellschaft gewählt.

Wie DAS VERTRAUEN ZWISCHEN ZWEI BONNERN DIE NEUNTE ERMÖGLICHTE

Noch am 17. Oktober 1815 beklagte sich Ferdinand Ries in einem Brief an Franz Gerhard Wegeler, dass er in den letzten fünf Jahren nur einmal von Beethoven gehört habe, und fügte hinzu: *"dennoch muß ich den Tollkopf lieben!"* Schon einen Monat später, am 22. November 1815, erhielt er dann einen Brief seines ehemaligen Lehrers, er habe mehrere Kompositionen nach London geschickt: *"Ich bitte Sie recht sehr, lieber Ries! sich dieser Sachen anzunehmen, auch damit ich das Gold erhalte; es kostet viel, ehe alles hinkommt, ich brauche es."*

In dieser Zeit - von Mai 1815 bis Februar 1816 - weilte der Londoner Pianist und Komponist Charles Neate in Wien. Er war einer der Direktoren *Philharmonic Society of London* und nahm Kontakt zu Beethoven auf, denn die Gesellschaft wollte bei dem Komponisten drei Ouvertüren mit dem Recht zur Uraufführung beauftragen. Tatsächlich erhielt Neate von Beethoven auch drei Ouvertüren, die allerdings bereits aufgeführt worden.[35]

Beethoven bestätigte in einem Schreiben an die Gesellschaft vom 5. Februar 1816, er habe Neate im Juli des Vorjahres die Abschriften überlassen und 75 Guineen[36] für die Zusage erhalten, die Werke in London aufzuführen und für ein oder zwei Jahre nicht an anderer Stelle drucken zu lassen. Am 19. März 1816 berichtete Ferdinand Ries Beethoven allerdings von Schwierigkeiten bei der Umsetzung des

---

35 Es handelte sich um Die Ruinen von Athen op 113 und König Stephan op. 117, die beide schon am 9. Februar 1812 zur Eröffnung des neuen Deutschen Theaters in Pest (heute Teil von Budapest) uraufgeführt worden waren, und Zur Namensfeier op. 115, uraufgeführt an Weihnachten 1815.

36 Das war in etwa das Doppelte des damaligen Durchschnittsjahresverdienstes in England.

Vorhabens: *„Wir sind durch die Niederträchtigkeit mehrerer Mitglieder unserer Philharmonischen Gesellschaft in einer etwas verdrießlichen Lage - und wir haben schon überlegt, wie wir es am besten arrangieren, diese Manuskripte, z.B. die Sinfonie-Cantate als Eigenthum zu erhalten - und Ihnen ein ordentliches E n g l i s c h e s. S ü m m c h e n dafür zu verschaffen - allein es ist noch nicht ganz ausgemacht. Es sind 5 Mitglieder der Gesellschaft ausgewählt worden, um die Sache zu arrangiren, welche aber die Gesellschaft billigen muß, ehe es ausgeführt werden kann - und da ist Neate. Ich selbst einer davon, und noch zwey gute Bekannte von mir."*

Am 3. April 1816 bat Beethoven erneut Ries (*„Mein lieber riese"*) darum, für die Neate überlassenen Kompositionen Londoner Verleger zu finden. In einem weiteren Brief an Ries am 8. Mai 1816 klagte er über seine finanzielle Situation und fragte ganz unverhohlen nach einem Kompositionsauftrag: *„Einige Bestellungen – außer einer Akad[emie] – würden mir auch sehr willkommen seyn von der Philharmonischen Gesellschaft".*

Einige Monate später schrieb er am 18. Dezember ganz ähnlich an Neate: *„I should be flattered to write some new works for the philharm. I mean Symphonies, an oratorio, or Cantatas".* Bald darauf wandte sich Beethoven allerdings wegen dessen Untätigkeit enttäuscht von Neate ab und schrieb diesem am 19. April 1817: *„Ich schwöre darauf, daß Sie nichts für mich gethan haben, nichts thun für mich und wieder nichts für mich thun werden, summa summarum Nichts! Nichts! Nichts!"*

Ferdinand Ries hingegen war aktiv geworden und schrieb Beethoven am 9. Juni 1817 den berühmten Brief mit dem Kompositionsauftrag für die 9. Sinfonie:

„Sehr lange bin ich wieder von Ihnen vergeßen, obwohl ich mir kaum eine andere Ursache denken kann, als Ihre zu haüfige Beschäftigungen, und wie ich durch andere Leute leider hören muß, eine bedeutende Krankheit sojar. Wahrlich lieber B., die Dankbarkeit die ich Ihnen schuldig bin, ewig schuldig bleiben muß - und ich glaube mit offenem Herzen sagen zu können, nie aus meinen Augen gelassen

habe, obschon ich manchmal bei Ihnen durch meine Feinde als undankbar und neidisch dargestellt wurde - ist unveränderlich, und so hatte ich immer den heißesten Wunsch, Ihnen mehr als durch Worte Beweise zu geben. Dieser sehnliche Wunsch ist nun endlich (so hoffe ich) in Erfüllung gekommen und ich hoffe in meinen alten Lehrer auch meinen alten liebevollen Freund wiederzufinden. Die Philharmonische Gesellschaft, wo nun unser Freund Neate auch ein Direktor ist, und wo man Ihre Compositionen allen andern vorzieht, wünscht Ihnen einen Beweis der großen Achtung und Erkenntlichkeit zu geben, für die so vielen schönen Augenblicke, die wir durch Ihre außerordentliche genialischen Werke so oft genoßen haben – und ich fühle es wirklich durch das schmeichelhafteste Compliment für mich selbst mit Neate beauftragt zu sein, an Sie zuerst deswegen zu schreiben. Kurz lieber B., wir möchten Sie gerne nächsten Winter unter uns hier in London haben. Freunde werden Sie mit offenen Armen empfangen, und Ihnen wenigstens einen Beweis davon zu geben, habe ich den Auftrag Ihnen im Namen der Direkzion der Philharmonischen Gesellschaft, 300 Guinees unter folgenden Bedingungen anzutragen: 1tens Sollen Sie nächstkommenden Winter hier in London sein. 2t. Sollen Sie für die philharmonische Gesellschaft zwei große Sinfonieen schreiben, die das Eigenthum derselben bleiben sollen."

Es folgten einige Bedingungen, die sicherstellen sollten, dass Beethoven bei einem eventuellen London-Aufenthalt nicht durch Konzerte oder Kompositionen in Konkurrenz zur Philharmonischen Gesellschaft geraten konnte. Außerdem bot Ries Beethoven einen Vorschuss von 100 Guineen an, falls er den angebotenen Auftrag annehme.

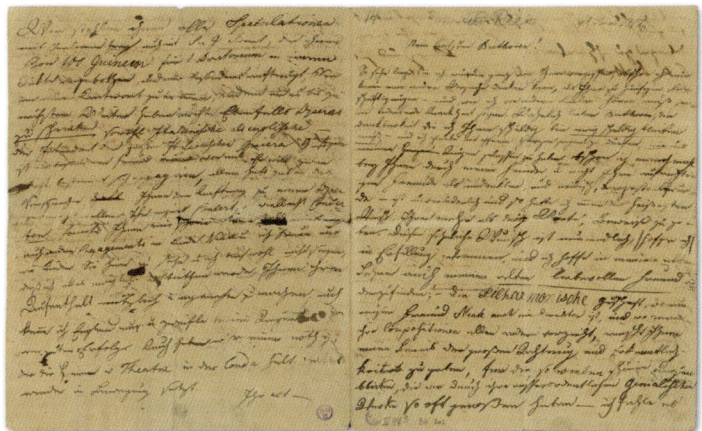

Abbildung 12: Ferdinand Ries, Brief an Ludwig van Beethoven in Wien, London, 9. Juni 1817, Abschrift
Beethoven-Haus Bonn, BH 202

Beethoven antwortete darauf am 9. Juli 1817:

„Die in Ihrem werthen Briefe vom 9. Junius mir gemachten Anträge sind sehr schmeichelhaft. Aus Gegenwärtigem sollen Sie sehen, wie sehr ich sie würdige. Wäre es nicht in Ansehung meines unglücklichen Gebrechens, wodurch ich viel mehr Wartung und Unkosten bedarf, besonders auf der Reise und in einem fremden Lande, so würde ich den Vorschlag der philharmonischen Gesellschaft u n b e d i n g t annehmen. Setzen Sie sich aber in meine Lage; bedenken Sie, wie viel mehr Hindernisse ich zu bekämpfen habe, als jeder andere Künstler, und urtheilen Sie dann, ob meine Forderungen unbillig sind. Hier sind sie, und ich bitte Sie, selbige den Herren Directoren benannter Gesellschaft mitzutheilen.
1) Ich werde in der ersten Hälfte des Monats Januar 1818 spätestens in London sein.
2) Die zwei großen Symphonieen, ganz neu componirt, sollen dann fertig sein, und das Eigenthum der Gesellschaft einzig und allein sein und bleiben."

Beethoven verlangte aber dann, dass von den angebotenen 300 Guineen die Hälfte als Vorschuss und zusätzlich 100 Guineen für Reisekosten gezahlt werden sollten. Er erklärte sich mit den weiteren Konditionen einverstanden und bat darum, *„die Bewilligung oder Bestätigung des Obigen in englischer Sprache von drei Directoren unterzeichnet im Namen der Gesellschaft ausgefertigt zu erhalten."*

Diesem von ihm unterschriebenen, aber von fremder Feder geschriebenen „Geschäftsbrief" fügte Beethoven eigenhändig hinzu: *„Lieber Ries Ich umarme Sie von Herzen, ich habe mit Fleiß eine andere Hand zu dem obigen dieses Briefes genommen, damit Sie alles besser lesen, u. der gesellschaft vortragen können. von Ihren guten Gesinnungen gegen mich bin ich überzeugt, ich hoffe, daß die p[hilharmonische] G[esellschaft]. meinen Vorschlag genehmigen werde, u. sie kann überzeugt seyn, daß ich alle Kräfte anwenden werde, mich des ehrenvollen Auftrages einer so auserlesenen Künstlergesellschaft auf die würdigste Art zu entledigen. - wie stark ist ihr Orchester wie viel Violinen etc. etc. mit einer oder zwei Harmonien?Ist der Saal groß, klangreich?"*

Die Philharmonische Gesellschaft lehnte jedoch im September Beethovens Forderungen ab und wiederholte ihr ursprüngliches Angebot. Beethoven akzeptierte zwar, aber Krankheiten, Streitigkeiten um das Sorgerecht für seinen Neffen Karl, finanzielle Schwierigkeiten, Depressionen und die Arbeit an anderen Kompositionen ließen das Londoner Projekt in den Hintergrund treten.

Neun Monate später schrieb Beethoven am 5. März 1818 an Ferdinand Ries, seine *„schwächliche Gesundheit"* hindere ihn, nach London zu kommen. Er hoffe im Frühjahr geheilt zu werden, sich im *„Spätjahr"* an den Auftrag zu begeben und eventuell im Winter nach London zu reisen. Aber das Vorhaben verzögerte sich weiter, wobei Beethoven in engem Kontakt mit Ries blieb und ihm immer wieder verschiedene Kompositionen zur Veröffentlichung durch den Londoner Verleger schickte.

Wiederum ein Jahr später war ein London-Besuch erneut Thema in verschiedenen Beethoven-Briefen an Ries. So schreibt er (vermutlich) am 30. März 1819: *„Für jetzt ist es unmöglich nach London zu kommen, verstrickt in so mancher-*

lei Umstände; aber Gott wird mir beistehen, künftigen Win-ter sicher nach London zu kommen, wo ich auch die neuen Sinfonien mitbringe. ... Bestellungen der philharmonischen Gesellschaft wären mir sehr willkommen gewesen ..." Offen-bar spielte der Auftrag vom 9. Juni 1817 inzwischen keine Rolle mehr.

Erst drei Jahre später kam Beethoven am 6. Juli 1822 in einem Brief an Ferdinand Ries auf das Thema zurück: *„Was würde mir wohl die Harmonie Gesellschaft für ein Honorar für eine Große Sinphonie antragen? noch immer hege ich den Gedanken, doch nach London zu kommen, wenn es nur meine Gesundheit leidet, vielleicht kommendes Frühjahr?!"*

Ries hat dieses Angebot in der Philharmonischen Gesell-schaft London eruiert. Dort ist als Ergebnis einer Sitzung am 10. November 1822 protokolliert, dass man Beethoven 50 Pfund (das entsprach etwa 47 Guineen) dafür anbiete, dass er der Gesellschaft bis März 1824 eine Sinfonie liefere, über deren weitere Verwendung er dann nach 18 Monaten wie-der selbst verfügen könne.

Ries übermittelte dieses Angebot – also eigentlich den zwei-ten Kompositionsauftrag für die 9. Sinfonie - Beethoven am 15. November 1822. Dieser akzeptierte mit einem Schreiben an Ries am 20. Dezember: *„Mit Vergnügen nehme ich den Antrag an, eine neue Sinfonie für die philharmonische Ge-sellschaft zu schreiben, wenn auch das Honorar von Englän-dern nicht im Verhältnisse mit den übrigen Nationen kann gebracht werden, so würde ich selbst umsonst für die ers-ten Künstler Europa's schreiben, wäre ich nicht noch immer der arme Beethoven. Wäre ich nur in London, was wollte ich für die philharmonische Gesellschaft Alles schreiben! Denn Beethoven kann schreiben, Gott sei Dank, sonst freilich nichts in der Welt."*

Wenige Wochen später mahnte er am 5. Februar 1823 bei Ries: *„wäre ich nicht so arm, daß ich von meiner Feder leben müste, ich würde gar nichts von der ph[ilharmonischen] Ge-sells[chaft] nehmen, so muß ich freylich warten, bis für die Sinfon. das Honor. hier angewiesen ist"*.

Am 25. Februar fragte Beethoven erneut nach dem Hono-

rar („*ich weiß nicht mit der Sinfonie wie ich es halten soll*")
und schickte Ries die Ouvertüre zum Festspiel *Die Weihe
des Hauses* op. 124[37] zur Verwendung durch die Philharmonische Gesellschaft.

Am 25. April 1823 schilderte Beethoven wiederum seine
schwierige finanzielle Situation und gesundheitliche Probleme und beruhigte zugleich Ries, dem er u.a. die Zusendung
der Diabelli-Variationen op 120 zur Vermarktung in England
ankündigte: „*Sorgen Sie unterdessen nicht; Sie erhalten die
Sinfonie nächstens, wirklich nur diese elende Lage ist daran
schuld.*" Schon am 1. Juli 1823 hatte er an seinen Förderer
und Schüler Erzherzog Rudolph geschrieben: „*Ich schreibe
jetzt eine neue Sinfonie für England für die philharmonische
Gesellschaft, u. hoffe selbe in Zeit von 14 Tagen gänzlich
vollendet zu haben.*"

Schließlich kündigte Beethoven am 5. September 1823 Ries
an: „*Die Partitur der Sinfonie ist dieser täge vom Copisten
vollendet*" sei und bald abgeschickt werde. Tatsächlich stellte Beethoven seine 9. Sinfonie aber nicht vor April 1824 fertig, erst im Dezember traf sie in London ein.

Die Kopie, die Beethoven nach England schickte, trug in der
Handschrift des Komponisten die Widmung „*Große Sinfonie
geschrieben für die Philharmonische Gesellschaft in London*".
Neate bestätigte den Eingang von Beethovens Komposition
am 20. Dezember 1824 und lud Beethoven für das folgende
Jahr nach London ein, um die Sinfonie zu dirigieren. Man
habe mit den Proben bereits begonnen. Zu diesem Zeitpunkt war das Werk allerdings längst in Wien uraufgeführt
worden, was eigentlich den getroffenen Vereinbarungen mit
der *Philharmonic Society of London* widersprach.

Beethoven antwortete am 15. Januar 1825 und verlangte
bessere Konditionen, die Neate am 1. Februar 1825 namens
der Direktoren der Gesellschaft ablehnte. In den folgenden
Briefen ging es dann nur noch um Honorare für Kompositionen und nicht mehr um eine London-Reise.

---

37 Das Werk war zur Neueröffnung des Josefstädter Theaters in Wien am
    3. Oktober 1822 uraufgeführt worden.

Erstmals aufgeführt wurde die 9. Sinfonie in London schließlich am 21. März 1825 unter der Leitung von George Smart, einem der Direktoren der Gesellschaft.[38] Das Konzert war die 116. Aufführung eines Beethoven-Werks durch die Philharmonische Gesellschaft in London, die bis dahin – mit Ausnahme der 8. Sinfonie – bereits alle anderen Beethoven-Sinfonien aufgeführt hatte.[39]

Smart hatte schon mit Johann Peter Salomon musiziert und gehörte zu den Gründern der *Philharmonic Society of London*. Immer wieder war er seitdem an den Aufführungen von Beethoven-Werken in London beteiligt. Er war auch Ferdinand Ries und dessen Familie freundschaftlich verbunden. Als er im Juli 1825 nach Wien aufbrach, um Beethoven persönlich zu treffen, machte er am 7. August in Bonn bzw. Godesberg Station, um Ferdinand Ries, dessen Vater Franz Anton und die Verleger-Familie Simrock zu treffen.

Übrigens wurde der Schiller-Text bei der Londoner Erstaufführung der Neunten in einer italienischen Übersetzung gesungen. Bei der Sitzung der Direktoren der Philharmonischen Gesellschaft am 23. Januar 1825 war dies so entschieden worden, weil es zu schwierig sei, den Text in einer englischen Übersetzung zu singen. Bei der Aufführung wurden Programmzettel mit einer englischen Übersetzung verteilt. Den Text in seiner deutschen Originalfassung darzubieten, war offenbar nicht in Betracht gezogen worden.

38 Solisten waren die französische, am Kings Theater in London verpflichtete Sopranistin Rosalbina Caradori-Allan (1800–1865), die englische Altistin Joanna Goodall (1797–1838), der englische Tenor Thomas Vaughan (1782–1843) und der Bariton Henry Philipps (1801–1876).

39 In den Jahren nach der Erstaufführung wurde Beethovens Neunte nirgends häufiger gespielt als in London: In den Konzerten der Philharmonic Society of London sind Aufführungen vermerkt für den 26. April 1830 unter der Leitung von Charles Neate und am 17. April 1837, 23. April 1838 und 3. Mai 1841 jeweils unter dem Dirigat von Ignaz Moscheles. In der Royal Academy of Music kam die Sinfonie am 20. Juni 1835 und dem 15. April 1836 und in der Societa Armonica am 24. März 1836 zu Gehör. Im Drury Lane Theatre fand am 19. Juli 1837 ein Benefizkonzert für das Bonner Beethoven-Denkmal mit der 9. Sinfonie unter der Leitung von Ignaz Moscheles statt. Dieser dirigierte das Werk erneut in seiner eigenen Londoner Konzertreihe am 23. Mai 1838.

Ferdinand Ries hatte zu diesem Zeitpunkt London längst verlassen und sich erneut in Bonn niedergelassen. Wegen einiger Auseinandersetzungen mit seinen Mitdirektoren war er bereits bei der Wahl am 18. Juni 1821 nicht mehr als Direktor angetreten. Am 3. Mai 1824 gab er in London sein Abschiedskonzert, zu dem er übrigens eigens ein Klavierkonzert (a-Moll op. 132) komponiert hatte, und reiste am 9. Juli schließlich aus London ab.

Für Beethoven war das ein wichtiger Einschnitt. An den Musikverleger Schlesinger in Berlin schrieb er am 15. Juli 1825: *„nach London schicke ich selbst nichts mehr, seit mein Freund u. Schüler Ries nicht mehr da ist."*

Es führte also keineswegs ein gerader Weg vom Londoner Kompositionsauftrag für die 9. Sinfonie 1817 zu deren Fertigstellung 1825. Vielmehr war es ein holpriger und kurvenreicher Pfad, der ohne das persönliche Vertrauensverhältnis zwischen den beiden Bonnern Ludwig van Beethoven und Ferdinand Ries wohl noch schwieriger gewesen und vielleicht nicht eingeschlagen bzw. zu Ende gegangen worden wäre.

Wie Beethovens Bonner Schiller-Begeisterung in Wien fortwirkte

Als Beethoven Ende 1792 zur Fortbildung bei Haydn nach Wien kam, wollte er eigentlich danach nach Bonn zurückkehren. Der Kurfürst bezahlte ihm weiter sein Gehalt und stand mit Haydn im Austausch über die Fortschritte des jungen Komponisten. Aber die Besetzung seiner Heimatstadt durch die Franzosen mit der Auflösung der kurfürstlichen Kapelle verhinderte Beethovens Rückkehr nach Bonn.

Bonn war zu Beethovens Zeiten zugleich ein Ort großer geistiger Offenheit und als Residenzstadt ein Zentrum des staatlichen und kulturellen Lebens. Dass hier ein weitgehend konfliktfreies Nebeneinander von Adel und Bürgertum möglich war, hatte darin ebenso seine Ursache wie in der Überschaubarkeit der Stadt: Man kannte sich und war miteinander vernetzt.

Es gab in Bonn überdurchschnittlich viele Berufsmusiker, die – fast alle bürgerlich – von Berufs wegen ständig am Hof und in Adelskreisen verkehrten. Bemerkenswert war auch ein außergewöhnlich dichtes Netz an Musikliebhabern und -förderern, das Bürgertum und Adel verband: Beim gemeinsamen Musizieren spielten Standesschranken kaum eine Rolle. Gerade viele Musiker und Musikliebhaber förderten die Werte der Aufklärung. Der ebenso musikaffine wie aufklärungsfreundliche Kurfürst Max Franz förderte diese Symbiose.

Beethoven kam im November 1792 nicht nur aus der kleinen Stadt Bonn mit ca. 11.000 Einwohnern in die Großstadt Wien mit damals mehr als 200.000 Einwohnern. Es war für ihn auch ein Schritt aus einer Stadt der Aufklärung, wo z.B. Schillers Werk frei zugänglich war, in ein Zentrum der Restauration. Von 1792 – 1820 fielen in Wien über 12.000 Bücher und Manuskripte der Zensur zum Opfer. Betroffen waren zahllose Autoren, darunter auch Schiller. Seine Werke waren auf den Wiener Bühnen nicht erlaubt, auch seine Schriften konnten nicht gefahrlos verbreitet werden.

So war z.B. 1802 auch die Verbreitung einer Bonner Ausgabe von *An die Freude* in Wien ausdrücklich verboten. Dabei handelte es sich um die Vertonung des Schiller-Gedichts durch den mit dem Dichter persönlich bekannten Domkapitular und Komponisten Johann Friedrich Hugo von Dalberg. Sie war zunächst 1799 in Erfurt und dann wohl ein Jahr später von Nikolaus Simrock in Bonn verlegt worden.

Für Beethoven, der später bei seiner Oper *Fidelio* op. 72 ebenfalls mit der Zensur zu kämpfen hatte, empfahl es sich nach seiner Ankunft in Wien also nicht, einen Text wie *An die Freude* von Friedrich Schiller zu vertonen. Vielleicht ist auch deshalb die Vertonung verschollen, die er in den letzten Bonner Wochen oder ersten Wiener Monaten angefertigt hat.

Losgelassen haben Beethoven aber die Texte Schillers nicht. So sind in einem Skizzenbuch von 1798/99 ein paar Noten auf *„muß ein lieber Vater wohnen"* zu finden, einer Textzeile aus dem „Chor" zur 1 Strophe von Schillers Ode (*„Seid umschlungen, Millionen! / Diesen Kuß der ganzen Welt! / Brüder – überm Sternenzelt / Muß ein lieber Vater wohnen."*)

Abbildung 13: Skizzenblatt von Ludwig van Beethoven 1798/99
Staatsbibliothek zu Berlin, Musikabteilung, Signatur: Mus.ms.autogr. Beethoven, L.V., Grasnick 1

Es wäre um diese Zeit in Wien übrigens fast zu einer Begegnung von Beethoven und Schiller gekommen, denn Schillers Jugendfreund Andreas Streicher hatte den Dichter im Herbst 1795 nach Wien eingeladen. Zur Familie Streicher hatte Beethoven eine besondere Beziehung: er hatte bei seiner ersten Wien-Reise 1787 die begabte, fast gleichaltrige Nannette (Anna Maria) Stein kennengelernt. Sie lernte später Klavierbau im elterlichen Betrieb und heiratete den Pianisten Andreas Streicher.

1794 siedelte Nannette Streicher nach Wien um, führte dort mit ihrem Mann eines der wichtigsten Klavierbau-Unternehmen (Nannette Streicher geb. Stein & Sohn), organisierte Hauskonzerte und war eng mit Beethoven befreundet. Hätte Schiller die Einladung angenommen, wäre eine Begegnung mit Beethoven fast unausweichlich gewesen. Aber der Dichter schrieb Streicher am 9. Oktober 1795: *„Eben dieser Zustand meiner Gesundheit läßt mich nicht daran denken, eine Reise zu unternehmen, und raubt mir also die Freude, Ihre freundschaftliche Einladung anzunehmen."*

Während bis 1807 Aufführungen von Schiller-Werken in Wien nicht möglich waren, änderte sich das, als der Unternehmer Joseph Hartl von Luchsenstein 1808/09 die Direktion der beiden Hoftheater – Burgtheater und Kärntnertortheater - übernahm. Nun kamen *Macbeth*, *Kabale und Liebe*, *Phädra* und *Don Carlos* von Schiller auf die Bühne. Beethoven trug sich damals sogar mit dem Gedanken, *Macbeth* zum Gegenstand einer Oper zu machen.

Offenbar kam ihm auch erneut Schillers Gedicht *An die Freude* in den Sinn, das er ja schon seit seinen Bonner Jahren kannte. Jedenfalls findet sich in einem Skizzenbuch 1811/1812 auf einem Blatt die Notiz *„Freude schöner Götter Funken Tochter Ouvertüre[40]ausarbeiten".* Auf einem anderen Blatt ist zu lesen *„Freude schöner Götter Funken Tochter aus Elysium abgerissene Sätze wie Fürsten sind Bettler u.s.w. nicht das Ganze."* und schließlich *„Abgerissene Sätze aus Schillers Freude zu einem Ganzen gebracht."*

---

40 Gemeint ist wohl *Zur Namensfeier* op. 115.

Abbildung 14 und 15: Ludwig van Beethoven, Skizzen-
buch „Petter" (1811/1812) zu verschiedenen Werken
(op. 92, op. 93, op. 96, op. 113, WoO 140 u.a.)
Beethoven-Haus Bonn, Sammlung H. C. Bodmer, HCB Mh 59
Batt. 42r (Bild 83) und Blatt 43r (Bild 85

Umgesetzt hat Beethoven sein Vorhaben der Vertonung von
Schillers Ode aber erst in der 9. Sinfonie, die er im Wesent-
lichen nach Abschluss der Arbeiten an der *Missa solemnis* im
Frühjahr 1823 begann. Sein Sekretär Anton Schindler erinnerte sich später, dass Beethoven *„viele Skizzen vom Lande nach*
der Stadt brachte, und schon im Februar 1824 war dieser Co-
loss fertig aufgebaut. Hierbei dürfte unter andern interessant

zu hören seyn, wie Beethoven sich mit dem Aufsuchen der Art und Weise bemühte, das Schiller'sche Lied: „Freude schöner Götterfunken" in den vierten Satz der Sinphonie geschickt einzuführen. Damals kam ich nur wenig von seiner Seite, daher ich dieses Ringen genau beobachten konnte. Auch bezeugen es die höchst interessanten Skizzen und Entwürfe davon, die ich alle besitze. Eines Tages, als ich in's Zimmer trat, rief er mir entgegen: „Ich hab's , ich hab's !" indem er mir das Skizzenbuch vorhielt, wo ich las: „Lasst uns das Lied des unsterblichen Schiller singen." „Freude" etc. welche Einleitung er aber späterhin mit: „Freunde nicht diese Töne" etc. vertauschte."[41]

In der ursprünglichen Fassung von 1785 besteht Schillers Gedicht aus neun Strophen zu je acht Versen jeweils gefolgt von einem „Chor" aus vier Versen. Der Dichter hat das Gedicht dann 1803 überarbeitet, d.h. die letzte Strophe gestrichen und die erste textlich leicht verändert. Dort wurde aus *„Was der Mode Schwerd getheilt; / Bettler werden Fürstenbrüder"* neu „Was die Mode streng getheilt, / Alle Menschen werden Brüder".

Wahrscheinlich hat Beethoven den überarbeiteten Text dann dem neunten Band der nach dem Tod des Dichters 1810 bei Anton Doll erschienen Gesamtausgabe der Schiller-Werke entnommen. Da im zehnten Band dieser Gesamtausgabe, der im gleichen Jahr erschienen ist, die ursprüngliche Fassung des Gedichtes abgedruckt ist, hat Beethoven diese Entscheidung für die überarbeitete Fassung offenbar bewusst getroffen. Er legte jedenfalls die dort abgedruckte überarbeitete Fassung zugrunde, verwendete die ersten drei Strophen unverändert und setzte seine vierte Strophe aus den Chören von Schillers erster, dritter und vierter Strophe zusammen.

Als in Wien bekannt wurde, dass Beethoven die **Missa solemnis** und die 9. Sinfonie vollendet hat, appellierten Kunstfreunde und Künstler an den Komponisten, die neuen Werke in Wien öffentlich aufzuführen. Beethoven war nämlich schon einige Jahre nicht mehr auf dem Konzertpodium zu sehen gewesen.

---

41 Anton Schindler, Biographie von Ludwig van Beethoven, Münster 1840, S. 139.

Vergleich der Texte:
Schillers Originaltext
und Beethovens Umstellung

Friedrich Schiller „An die Freude" (1803 überarbeitete Fassung, 1.-4. Strophe aus: Friedrich Schillers sämtliche Werke Neunter Band (Enthält: Gedichte) Erster Theil, Wien 1810, (in Commission bei Anton Doll)	Text im 4. Satz der 9. Sinfonie wie von Beethoven umgestellt Schott Originalausgabe der Partitur, Mainz und Paris 1826
	Bass Solo O Freunde, nicht diese Töne! sondern Lasst uns angenehmere an stimmen, und Freuden vollere. **Bass Solo / Chor (Bass)** Freude! Freude! Freude!
1. Strophe Freude, schöner Götterfunken, Tochter aus Elysium, Wir betreten feuertrunken Himmlische, dein Heiligthum. Deine Zauber binden wieder, Was der Mode streng getheilt; Alle Menschen werden Brüder, Wo dein sanfter Flügel weilt.	**Bass Solo** Freude schöner Götterfunken, Tochter aus Elisium! Wir betreten Feuer trunken, Himmlische, dein Heiligthum! deine Zauber binden wieder, Was die Mode streng getheilt, alle Menschen werden Brüder wo dein sanfter Flügel weilt. **Chor** Deine Zauber binden wieder was die Mode streng getheilt, alle Menschen werden Brüder, Wo dein sanfter Flügel weilt.
Chor Seyd umschlungen Millionen! Diesen Kuß der ganzen Welt! Brüder – über´m Sternenzelt Muß ein lieber Vater wohnen.	

2. Strophe
Wem der große Wurf gelungen,
     Eines Freundes Freund zu seyn;
Wer ein holdes Weib errungen,
     Mische seinen Jubel ein!
Ja – wer auch nur eine Seele
     Sein nennt auf dem Erdenrund!
Und wer's nie gekonnt, der stehle
     weinend sich aus diesem Bund!

Chor
Was den großen Ring bewohnet
     huldige der Sympathie!
     Zu den Sternen leitet sie,
Wo der Unbekannte thronet.

Bass Solo
Wem der grosse Wurf gelungen,
Eines Freundes Freund zu seyn.
Wer ein holdes Weib errungen,
Mische seinen Jubel ein!
Ja wer auch nur eine Seele
Sein nennt auf dem Erdenrund!
Und wers nie gekonnt, der stehle
Weinend sich aus diesem Bund
Chor
Ja wer auch nur eine Seele
Sein nennt auf dem Erdenrund!
Und wers nie gekonnt, der stehle
Weinend sich aus diesem Bund.

3. Strophe
Freude trinken alle Wesen
     An den Brüsten der Natur,
Alle Guten, alle Bösen
     Folgen ihrer Rosenspur.
Küsse gab sie uns und Reben,
     Einen Freund, geprüft im Tod.
Wollust ward dem Wurm gegeben,
     Und der Cherub steht vor Gott.

Chor
Ihr stürzt nieder, Millionen?
     Ahnest du den Schöpfer, Welt?
     Such ihn über'm Sternenzelt,
Über Sternen muß er wohnen.

Bass Solo
Freude trinken alle Wesen
an den Brüsten der Natur,
Alle Guten, alle Bösen
Folgen ihrer Rosenspur.
Küsse gab sie uns und Reben,
einen Freund, geprüft im Tod,
Wollust ward dem Wurm gegeben,
und der Cherub steht vor Gott!
Chor
Küsse gab sie uns und Reben
Einen Freund geprüft im Tod,
Wollust ward dem Wurm gegeben
und der Cherub steht vor Gott,
und der Cherub steht vor Gott,
steht vor Gott, vor Gott, vor Gott!

4. Strophe
Freude heißt die starke Feder
    In der ewigen Natur.
Freude, Freude treibt die Räder
    In der großen Weltenuhr.
Blumen lockt sie aus den Keimen,
    Sonnen aus dem Firmament,
Sphären rollt sie in den Räumen,
    Die des Sehers Rohr nicht kennt.

Chor
Froh, wie seine Sonnen fliegen,
    Durch des Himmels prächt´gen Plan,
    Laufet Brüder eure Bahn,
Freudig wie ein Held zum Siegen.

Tenor Solo.
Froh, froh wie seine Sonnen fliegen
froh wie seine Sonnen fliegen
durch des Himmels prächt'gen Plan.
Laufet, Brüder, eure Bahn,
Laufet, Brüder, eure Bahn
freudig, wie ein Held zum Siegen,
wie ein Held zum Siegen
Laufet, Brüder, eure Bahn
wie ein Held zum Siegen, freudig freudig
wie ein Held zum Siegen.
Chor (Tenor und Bass)
Laufet Brüder eure Bahn
freudig wie ein Held zum Siegen,
wie ein Held zum Siegen,
freudig freudig wie ein Held zum Siegen.
Chor
Freude schöner Götter Funken
Tochter aus Elisium
Wir betreten Feuertrunken,
Himmlische dein Heiligthum.
‖: Deine Zauber binden wieder
was die Mode streng getheilt.
Alle Menschen werden Brüder
wo dein sanfter Flügel weilt, :‖

Chor 1. Strophe
Seyd umschlungen Millionen!
Diesen Kuß der ganzen Welt!
Brüder – über´m Sternenzelt
Muß ein lieber Vater wohnen.

Chor.
‖: Seyd umschlungen Millionen!
diesen Kuss der ganzen Welt! :‖
‖: Brüder! überm Sternen Zelt! :‖
Muss ein lieber Vater wohnen!:‖

Chor 3. Strophe
Ihr stürzt nieder, Millionen?
Ahnest du den Schöpfer, Welt?
Such ihn über´m Sternenzelt,
über Sternen muß er wohnen.

Chor
Ihr stürzt nieder, Millionen,
ahnest du den Schöpfer Welt,
ahnest du den Schöpfer Welt,[
Über Sternen muss er thronen
Über Sternen muss er wohnen

Sopran / Alt / Tenor / Bass
Freude, schöner Götterfunken
Tochter aus Elisium!
Wir betreten feuertrunken,
Himmlische dein Heiligthum!
Seyd umschlungen Millionen
diesen Kuss der ganzen Welt!
Chor
Ihr stürzt nieder Millionen
Ahnest du den Schöpfer Welt?
Such ihn überm Sternenzelt! Such ihn überm Sternenzelt!
Brüder! Brüder überm Sternenzelt
muss ein lieber Vater wohnen, ein lieber Vater wohnen.
Sopran / Alt / Tenor / Bass
Freude Tochter aus Elisium! Tochter, Tochter aus Elisium!
Deine Zauber, deine Zauber binden wieder,
deine Zauber binden wieder,
was die Mode streng getheilt,
deine Zauber, deine Zauber binden wieder,
was die Mode streng getheilt.
Chor
Deine Zauber, deine Zauber binden wieder, binden wieder,
was die Mode streng getheilt,
Alle Menschen, alle Menschen alle Menschen,
alle Menschen werden Brüder,
wo dein sanfter Flügel weilt.
deine Zauber, deine Zauber binden wieder,
was die Mode streng getheilt.
Alle Menschen, alle Menschen alle Menschen,
Chor und Soli
Alle Menschen, Alle Menschen,
alle alle Menschen, werden Brüder,
wo dein sanfter Flügel weilt, dein sanfter Flügel weilt.
Chor
Seid umschlungen Millionen!
diesen Kuss der ganzen Welt! der ganzen Welt!
Brüder! überm Sternen Zelt
muss ein lieber Vater, ein lieber Vater wohnen ein lieber Vater wohnen!
Seyd umschlungen seid umschlungen!
diesen Kuss der ganzen Welt! der ganzen Welt! der ganzen Welt!
diesen Kuss der ganzen Welt!
der ganzen Welt! der ganzen Welt der ganzen Welt!
Freude, Freude schöner Götterfunken! schöner Götterfunken!
Tochter aus Elisium!
Freude schöner Götterfunken! Götterfunken!

Obwohl es eigentlich den Zusagen gegenüber der *Philharmonic Society of London* widersprach, gab Beethoven diesem Drängen nach, und so wurde am 7. Mai 1824 im Theater am Kärnterthor - wie es in der Ankündigung hieß - die *„Große Symphonie mit im Finale eintretenden Solo- u. Chorstimmen auf Schillers Lied an die Freude"*[42] erstmals aufgeführt. Dieses Konzert zur Uraufführung begann mit Beethovens Ouvertüre *Die Weihe des Hauses* op. 124. Es folgten Auszüge aus der *Missa solemnis* op. 123 und dann, vermutlich nach einer Pause, die 9. Sinfonie op. 125. Es dirigierte gemeinsam mit dem tauben Beethoven der österreichische Kapellmeister des Kärnertortheaters Michael Umlauf.[43] Wegen des großen Erfolgs wurde das Konzert mit geringfügigen Programmänderungen am 23. Mai im Großen Redoutensaal der Hofburg wiederholt. Zu einer dritten Aufführung in Wien kam es dann am 15. März 1827, wenige Tage vor Beethovens Tod.

Bonn spielte übrigens noch eine Rolle bei der Widmung der 9. Sinfonie. Beethoven bat den in Bonn geborenen Franz Ludwig Fürst von Hatzfeld zu Trachenberg, zu klären, ob der preußische König Friedrich Wilhelm III. mit einer solchen Zueignung einverstanden wäre. Von Hatzfeld war zu Beethovens Kindheit in Bonn kurkölnischer Kämmerer und wurde später preußischer Gesandter in Wien. Seine Schwägerin war Anna Maria Hortense Gräfin von Hatzfeld aus Wien, die 1772 seinen Halbbruder Clemens August geheiratet hatte und dann in Bonn lebte, bevor sie nach dem Tod ihres Mannes 1797 in ihre Heimatstadt Wien zurückkehrte.

In Bonn hatte die Gräfin den jungen Beethoven gefördert und gehörte zu den besonders talentierten Bonner Musik-Amateuren. Im *Magazin der Musik* vom 30. März 1783 hieß es, sie

---

42 Zitiert nach Alexander Wheelock Thayer: Ludwig van Beethovens Leben, bearbeitet von Hermann Deiters, neu bearbeitet und ergänzt von Hugo Riemann, Leipzig, Band 5, Leipzig 1908, S. 90.

43 Auch die Solisten Caroline Unger (Alt) (1803-1877), Anton Haizinger (Tenor) (1796-1869) und Joseph Seibelt (Bariton) (1787-1847) waren österreichische Musiker. Die Sopranistin Henriette Sontag (1806-1854) kam allerdings aus dem Rheinland und war wie Beethovens Mutter in Koblenz geboren worden.

sei *„von den besten Meistern im Singen und Clavierspielen zu Wien unterrichtet worden, denen sie in der That viel Ehre macht. Das Recitativ declamirt sie vortreflich, auch parlante Arien hört man von ihr mit Vergnügen. Auf dem Fortepiano spielt sie sehr brillant, und überläßt sich dabey völlig ihrem Gefühl. …. Für Tonkunst und Tonkünstler ist sie enthusiastisch eingenommen."* Beethoven widmete der Gräfin von Hatzfeld seine 1791 veröffentlichten *24 Variationen über die Ariette „Venni Amore" von Vincenzo Righini für Klavier* WoO 65. Nachdem Fürst von Hatzfeld ihm die Zustimmung des Königs signalisiert hatte, schickte Beethoven Ende September 1826 die Partiturabschrift der 9. Sinfonie mit handschriftlicher Widmung nach Berlin und betonte im Begleitschreiben ausdrücklich, er sei *„Bürger von Bonn"* - wohl weil das Rheinland seit dem Wiener Kongress 1815 zu Preußen gehörte:

„Euer Majestät!
Es macht ein großes Glück meines Lebens aus, daß Ew.
Majestät mir gnädigst erlaubt haben, allerhöchst Ihnen
gegenwärtiges Werk unterthänigst zueignen zu dürfen.
Ew. Majestät sind nicht bloß Vater allerhöchst Ihrer Un-
terthanen, sondern auch Beschützer der Künste und
Wissenschaften: um wie viel mehr muß mich also Ihre
allergnädigste Erlaubniß erfreuen, da ich selbst so glücklich
bin, mich als Bürger von Bonn, unter Ihre Unterthanen zu
zählen. Ich bitte Ew. M., dieses Werk als ein geringes Zei-
chen der hohen Verehrung allergnädigst anzunehmen, die
ich allerhöchst Ihren Tugenden zolle.
Ew. Majestät unterthänigst gehorsamster
Ludwig van Beethoven."

Erhofft hatte sich Beethoven vom König für die Widmung einen Orden. Friedrich Wilhelm III. bedankte sich aber in einem Brief vom 25. November 1826 mit einem Brillantring, der sich zum großen Ärger Beethovens lediglich als Ring mit einem rötlichen Stein im Wert von 300 Gulden herausstellte.

Wie der Bonner Ries Beethovens Neunte in Aachen aufführte

Neben der Wiener Uraufführung und der Londoner Erstaufführung autorisierte Beethoven persönlich noch eine dritte Erstaufführung beim Niederrheinischen Musikfest in Aachen, von der er dachte, es sei die erste in Deutschland. Dafür war der enge Kontakt mit seinem Schüler Ferdinand Ries entscheidend. Dieser war inzwischen aus London nach Bonn zurückgekehrt.

Im gleichen Jahr 1824 stand beim 7. Niederrheinischen Musikfest in Köln am 7. Juni mit seiner 4. Sinfonie erstmals auch dort ein Werk von Ries auf dem Programm. In einem ausführlichen Bericht beschrieb der junge Bonner Journalist und Dichter Johann Baptist Rousseau die Reaktion des Publikums mit den Worten: *„Alles war ganz Ohr und entzückt über das wundervolle Ineinandergreifen der Menge von Instrumenten."*

Um diese Zeit wurde beim Niederrheinischen Musikfest für das Jahr 1825 Aachen als Austragungsort bestimmt. Dabei spielte der Kölner Steuerrat Wilhelm Hauchecorne eine wichtige Rolle, der um 1819 nach Aachen versetzt worden war. Er war bereits 1818 in Düsseldorf Mitglied im leitenden Vorstand für das erste Niederrheinische Musikfest. In den ersten Jahren hatte das Musikfest dreimal in Düsseldorf, zweimal in Elberfeld bei Wuppertal und zweimal in Köln stattgefunden. Wilhelm Hauchecorne hatte sich mindestens seit 1822 dafür eingesetzt, dass auch Aachen Gastgeber des Niederrheinischen Musikfestes werden solle.

Anfang 1824 konstituierten sich die Vorsitzenden der Aachener Musik-Vereine als Vorbereitungskomitee. Man setzte sich mit den Partnerstädten Köln, Düsseldorf und Elberfeld sowie den Musikvereinigungen u.a. in Bonn, Krefeld und Neuwied in Verbindung, um Vorschläge für das Musikprogramm zu sammeln und konnte mitteilen, dass das bis dahin fertiggestelle neue Aachener Schauspielhaus als Spielstätte zur Verfügung stehen werde.

Zunächst wollte man den damals renommierten Komponisten und Dirigenten Louis Spohr für die künstlerische Leitung des Musikfestes gewinnen. Dieser erhielt aber keinen Urlaub von seiner Kapellmeisterstelle in Kassel. Schnell fiel dann der Blick auf Ferdinand Ries, der in Godesberg keine weiteren Verpflichtungen hatte.

Hilfreich war dabei sicher auch das Bonner Netzwerk um das Niederrheinische Musikfest. So hatte seit 1812 Peter Joseph Simrock in Köln eine Dependance des väterlichen Bonner Verlages eröffnet und sich dann beim Musikfest engagiert. Simrock war auch Verleger von Ferdinand Ries, und die beiden Familien waren eng miteinander verbunden. Auch Heinrich Carl Breidenstein, seit 1823 Musikdirektor an der Bonner Universität und mit der Familie Ries verbunden, engagierte sich beim Niederrheinischen Musikfest.

Verbunden mit dem Niederrheinischen Musikfest war auch die Musikliebhaberin und Mäzenin Sibylle Mertens-Schaaffhausen. Da ihre Ehe mit dem Kölner Bankier Joseph Ludwig Mertens unglücklich verlief, zog die „Rheingräfin"[44] 1824 nach Bonn in den Auerhof (heute Villa Carstanjen). Hier begann sie die Tradition eines rheinischen Salons. Dort trafen sich viele herausragende Persönlichkeiten aus Kunst und Kultur. Neben Ernst Moritz Arndt, Annette Droste-Hülshoff, Johanna Kinkel und August Wilhelm von Schlegel gehörte auch Ferdinand Ries dazu, der von 1824–1827 quasi in ihrer Nachbarschaft wohnte.

Im Übrigen hatten Ferdinands Vater Franz Anton Ries und sein Bruder Hubert bereits 1821 als Geiger im Orchester des Niederrheinischen Musikfestes in Köln mitgewirkt. Im Domorchester war auch der Geiger Johann Adolf Steinberger aktiv, der 1810 zu den Gründern des „Kölner Kammermusik-Quartett-Verein" (ab 1826 Concert-Gesellschaft) gehörte. Der Notar war 1823 bis 1848 Kölner Oberbürgermeister. Als

---

44 Diese scherzhafte Bezeichnung durch den Maler Wilhelm Wach (1787-1845) bürgerte sich schnell ein.

Ferdinand Ries 1824 bei seiner Rückkehr aus England Probleme mit dem Zoll in Köln bekam, weil er ein neues Clementi-Klavier als gebraucht deklariert hatte, wandte er sich an den Musikfreund, den er offenbar kannte: *„Da Steinberger aber Oberbürgermeister in Coelln ist, gieng ich zu ihm".*[45]

Es überrascht auch angesichts dieses Netzwerkes nicht, dass man sich beim Niederrheinischen Musikfest schnell einig wurde, Ferdinand Ries die Leitung anzutragen. Am 14. Dezember 1824 wurde ihm die Direktion für das Musikfest förmlich angetragen und bereits am 24. Dezember sagte Ries zu. Er hatte dabei keine finanziellen Ansprüche und das Aachener Festkomitee konnte ihm auch nur anbieten, seine Auslagen zu erstatten. Seinem in London lebenden Bruder Peter Joseph Ries schrieb Ferdinand am 5. Januar 1825: *„nächsten Pfingsten ist das große rheinische Musikfest in Aachen, ich bin auf die ausgezeichneste Art ersucht worden, die ganze Direction zu übernehmen, welches ich auch angenommen habe - es werden übor 450 Künstler sich bey dieser Gelegenheit dort versammeln."*

Zur Entscheidung für Ferdinand Ries hat sicherlich auch beigetragen, dass in Aachen und aus den anderen Städten der lebhafte Wunsch bestand, beim Musikfest 1825 Beethovens neue 9. Sinfonie zur Aufführung zu bringen. Dies erstaunt nicht, denn abgesehen vom ersten Musikfest 1818 in Düsseldorf, bei dem nur die Die Jahreszeiten und *Die Schöpfung* von Joseph Haydn aufgeführt wurden, hatten in den Folgejahren stets Beethoven-Werke auf dem Programm gestanden: 1819 in Elberfeld die Leonoren-Ouvertüre, 1820 in Düsseldorf die 3. Sinfonie und eine Sopran-Arie von Beethoven, 1821 in Köln die 5. Sinfonie, 1822 in Düsseldorf die 4. Sinfonie, 1823 in Elberfeld die 7. Sinfonie und 1824 in Köln Teile der C-Dur-Messe und die Corolian-Overtüre.

Kein Komponist war bei den Niederrheinischen Musikfesten bis dahin so häufig gespielt worden wie Beethoven. Man er-

---

45 Zitiert nach Klaus Wolfgang Niemöller, Eine musikalische Freundschaft - Sibylle Mertens-Schaaffhausen und Ferdinand Ries, Dirigent der Niederrheinischen Musikfeste. In: Ries Journal 2 (2012), S. 19.

hoffte sich sicherlich von Ferdinand Ries, der Beethoven so eng verbunden war, dass er die Aufführung der 9. Sinfonie in Aachen realisieren könne.

Allerdings lag das bis dahin nur in Wien aufgeführte Werk noch nicht gedruckt vor. Es war in Aachen aber bekannt, dass Beethoven den Mainzer Schott-Verlag mit der Veröffentlichung beauftragt hatte. Deshalb fragten die Aachener im Dezember 1824 und im Januar 1825 schriftlich in Mainz an, ob bis zum Frühjahr der Druck vorliegen werde oder Material zur Verfügung gestellt werden könne. Nach einer zunächst ausweichenden Antwort kam vom Schott-Verlag am 25. Januar 1825 eine Absage.

Gedruckt erschien die Partitur im Schott-Verlag erst mehr als ein Jahr später, am 28. August 1826. Zwar waren die entsprechenden Verhandlungen schon parallel zur Wiener Uraufführung im Mai 1824 abgeschlossen worden, aber Beethoven schickte die notwendige Stichvorlage erst am 16. Januar 1825 an Schott.

Offenbar stellte der Schott-Verlag diese Stichvorlage für eine Aufführung in Frankfurt am Main zur Verfügung. In der *Frankfurter Ober-Postamts-Zeitung* von 27. März 1825 kündigte jedenfalls der Kapellmeister des städtischen Orchesters Carl Guhr für *„Charfreitag den 1. April im hiesigen Schauspielhause" eine „große musikalische Academie"* an. Durch *„die Güte der Großherzogl. Darmstädtischen Hofmusikhandlung Schott u. Söhne"* sei er *„im Stande, einem verehrten Publikum Beethovens neuestes, in Wien mit dem größten Beifall aufgenommenes musikalisches Werk, eine Simphonie mit 4 Solo-Singstimmen und Chören über das Gedicht von Schiller „Freude, schöner Götterfunken" geben zu können."* Das *„colossale Werk, in dem Beethovens Genius seine Schwingen gewaltig regt"* werde wohl *„wegen seiner außerordentlichen Schwierigkeit der Ausführung"* selten zu Gehör kommen.

Im sehr umfangreichen Programm des Frankfurter Konzertes wurde Beethovens Neunte zweigeteilt: der 1. und 2. Satz eröffneten das Konzert, der 4. Satz wurde am Ende gespielt. Der 3. Satz (Adagio) kam nicht zur Aufführung. In der *Allgemeinen Musikalischen Zeitung* hieß es dann am 27. April

1825 kritisch: *„Uns scheint - so viel uns auch nach einmali-gem Anhören dieser Composition zu urtheilen geziemt - bey ihrer Empfängnis der Genius des großen Meisters nicht zu-gegen gewesen und einen rein formellen und combinatori-schen Streben der rechte Weg verfehlt zu seyn."*

Da in Aachen kein Notenmaterial der 9. Sinfonie zur Verfü-gung stand, riet Ries davon ab, die Aufführung des unbe-kannten Werkes - noch dazu mit einem nicht eingespielten, eigens für das Musikfest zusammengesetzten Orchester - in Angriff zu nehmen. Doch das Komitee bedrängte ihn, bei Beethoven die notwendigen Noten zu erbitten.

Ferdinand Ries erinnerte sich später: *„Auch das dortige Co-mité hatte unmittelbar an ihn [Beethoven] geschrieben, aber nur Versprechen erhalten. Endlich schrieb ich und bat, da ich ihn und seine Partituren so genau kannte, mir die Original-partitur zu schicken, woraus ich schon klug werden würde. Zugleich versprach ich ihm, da ich sein dauerndes Geldbo-dürfnis kannte, noch ein Geschenk, welches mir auch später in 40 Louisd´ors für ihn ausgehändigt wurde."*

Am 12. Januar 1825 schrieb Ferdinand Ries an Wilhelm Hauchecorne: *„Wegen Beethovens neuer Sinfonie ist mir leid. Die Sinf: ist als i n d e r P r e s s e angekündigt. Sie soll Ostern erscheinen. Das Beste wird seyn, Sie bestimmen eine andere Sinf: von ihm und man lässt alle ripien[46] Stim-men davon kommen. So sind wir im Fall der Not doch ge-sichert, denn sie können sich natürlich weder auf H. Schott noch Beethoven verlassen. Ich will unterdessen direkt ein-mal an Beethoven schreiben, wann und ob sie herauskömt, ob es möglich ist, daß ich Exemplare bis dahin haben kann, oder ein bischen sondieren, ob er mir seine Partitur copie-ren lassen will."*

Am 9. Februar teilt er Hauchecorne mit: *„An Beethoven habe ich geschrieben, aber noch keine Antwort. Auch habe ich s o geschrieben, daß weder sie noch ich comprimittiert werden*

---

46 Ripieno (ital. „voll") bezeichnet das gesamte Orchester („tutti"), „senza ripieni" heißt, dass nur die Solisten bzw. ersten Pulte eines Orchesters spielen.

können. *Ich habe ihm also gesagt, daß wenn er sie schicken will, so muß er es auf der Stelle mit Postwagen thun, also da müssen wir in der Hoffnung leben."*

Aber schon wenig später konnte Ferdinand Ries am 18. Februar nach Aachen melden: *„Vor einer Stunde aber erhielt ich einen Brief von Beethoven mit der Wahrscheinlichkeit, die b e w u ß t e S i n f o n i e und große Messe von ihm im Manuskript direkt zu erhalten. Da mir schlechterdings keine Zeit mehr verloren werden darf, so will ich sobald wie möglich zu ihnen kommen."*

Damit bezog sich Ries auf einen Brief, den Beethoven am 11. Februar 1825 *„von Wien An Herrn Herrn Ferdinand Ries berühmten Compositeur in Bonn (am Nieder Rhein)"* geschickt hatte:

»Lieber Ries!
Sie dringen so sehr auf Antwort, daß ich Ihnen [in] diesem Augenblicke blos das Nöthigste sagen kann. ... Was die Symphonie betrifft, so mache ich Ihnen hiebey einen mehr ins Allgemeine gehenden Vorschlag. Meine Lage macht, daß ich durch meine Noten aus meinen Nöthen zu kommen suchen muß. Wäre es denn nicht möglich, daß Sie die Sache so einrichteten? Ich schickte Ihnen die Symphonie in meiner oder einer wohlabgeschriebnen Partitur".

Außerdem kündigte Beethoven noch die Übersendung weitere Werke nach Aachen an, damit dort eventuelle gegen entsprechendes Entgelt weitere Aufführungen stattfinden könnten: *„Ich überlasse Ihnen die Sache. Das Concept hiezu kommt nicht von mir, sondern von denen, welche mich gern durch meine Noten aus meinen Nöthen retten wollen"* Diese Musikalien trafen freilich viel zu spät für eine Aufführung beim Musikfest ein.

Bezogen auf seine 9. Sinfonie schrieb Beethoven dann am 19. März 1825 an Ries:

„Mein werther Freund!
Heut 8 Tage schon, gleich nach Empfang Ihres Schreibens,
wurde die Symphonie, 3 Stücke davon in Partitur, und das
Finale ganz in Stimmen geschrieben, mit dem ersten
abgehenden Postwagen abgeschickt. Ich habe nur
meine Partitur, daher ich Ihnen das Finale nur in Stimmen
übersenden konnte. Sie erhalten aber mit dem, heut 8 Tage
abgehenden Postwagen, das Finale ebenfalls in Partitur,
nebst noch andere Werke, die ich Ihnen sende. Mit der
Symphonie wurde eine Ouverture, und ein Opferlied mit
Chor, letzteres aber wahrscheinlich fehlervoll, abgeschickt.
Ich werde Ihnen jedoch ein Verzeichnis der Fehler von
hier aus senden. Zum Finale der Symphonie wird auch
noch 1 Contrafagott mitgeschickt."

Am 23. März, also nur acht Wochen vor dem Musikfest, konnte Ries Hauchecorne dann mitteilen, Beethovens Sendung erhalten zu haben: *„Die 3 ersten Sätze sind in Partitur, das letzte Allegro mit den Chören nur in ausgeschriebenen Stimmen, wovon ich bisheran nichts davon urtheilen kann, als dass dieses und das ganze fürchterlich schwer zur Ausführung ist."* Am 27. März informierte Ries Hauchecorne dann noch, dass Beethoven die Zusendung der Partitur des 4. Satzes angekündigt hat. *„Auch werde ich eine Contrafagot Stimme noch erhalten, welche zum Finale gehört. Das Ding muß krachen."*

Die Partitur kam aber in Aachen nie an, weil sich Beethoven mit seinem Kopisten zerstritten hatte. So schickte er am 9. April 1825 nur eine Korrektur der ersten Oboenstimme für den 242. Takt und fügte hinzu: *„da sie die Stimmen schon alle ausgeschrieben vom Finale der Sinfonie erhalten haben, so habe ich ihnen noch die ChorDirektor Stimme geschickt, sie können solche leicht ehe der Gesang anhebt, aus den Stimmen in Partitur setzen lassen, u. wo der Gesang anhebt, ist es ganz leicht mit einiger überlegung die InstrumentalStimmen oben über an die Gesangstimmen in Partitur anheften zu lassen Es war nicht mögl. alles dieses sogleich geschrieben u. in der Geschwindigkeit würden sie nicht[s] als Fehler bey diesem copist[en] erhalten haben."*

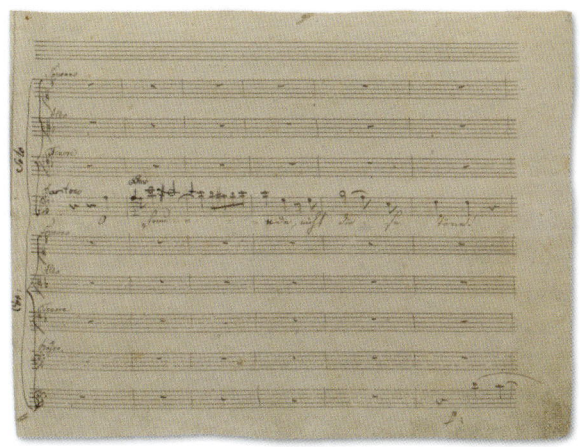

Abbildung 16: Beginn des Rezitativs „O Freunde,
nicht diese Töne" in der von Beethoven an Ferdinand
Ries geschickten „ChorDirector Stimme"
Stadtarchiv Aachen, HS 1084

Ries befand sich indessen in intensiver Korrespondenz mit
Hauchecorne zu den notwendigen Notenabschriften. Ihm
lagen ausgerechnet für den komplexen 4. Satz der 9. Sinfo-
nie nur ein Stimmensatz des Uraufführungsmaterials (oder
Kopien davon) sowie eine, nur die Vokalstimmen mit Bass
enthaltende, Partitur vor, die schon bei der Vorbereitung der
Uraufführung Verwendung gefunden hatte. Auf dieser Grund-
lage wurde in Aachen eine Partitur des 4. Satzes angefertigt,
die Beethoven natürlich nicht überprüfen konnte.
Zugleich mussten aus der Partitur der ersten drei Sätze die
Einzelstimmen geschrieben werden. Auch für andere beim
Musikfest vorgesehene Werke - insbesondere eine brand-
neue Sinfonie von Ries selbst - mussten zahlreiche Einzelstimmen angefertigt werden. Dafür wurde eine große Zahl
von Kopisten beschäftigt: etwa acht in Aachen und mehrere
in Köln, Düsseldorf, Bonn, Koblenz und an anderen Orten. Für
eine geringe Entschädigung arbeiteten sie mehrere Wochen.
Trotz dieser Anstrengungen wurde aber die Zeit für sorgfäl-
tige Proben zu knapp. Noch am 17. April – also wenig mehr

als ein Monat vor der Aufführung – schrieb Ries an Hauche-corne: *„Über das ganze kann ich noch nicht urtheilen, weil ich Ihnen die Stimmen gleich nach Empfang gesendet habe und noch keine Partitur habe."*

Am 21. April warnte Ferdinand Ries nach dem Erhalt der Ab-schriften nachdrücklich: *„… ich muss Ihnen sagen dass es eine ä u ß e r s t   g e f ä h r l i c h e Sache wird. Wollen die Direktoren des Fests diese ganze Sinfonie haben, so gebe ich mich kühn daran. Allein, ich muß Ihnen ebenfalls auch gestehen, daß ich es für unmöglich halte, daß zwey Gene-ral Proben dazu hinreichen können. So etwas Compliziertes und Schweres existiert selbst von Beethoven nicht. Kennte ich oder einer von Ihnen dieses so sehr zusammengesetzte Orchestre - die Schwierigkeiten sind übertrieben, und noch dazu was Sie mir von Frankfurt[47] sagen, bedarf reifster Über-legung, ehe Sie mit Ihrem e r s t e n Musikfest so aussetzen dürfe. Ich bitte Sie also, den Herren des Comittées folgenden Vorschlag zu machen, der uns aus der Verlegenheit ziehen könnte und unsere Ehre /:die auch etwas auf dem Spiele :/ steht einigermaßen retten könnte. Das erste Allegro dieser Sinfonie, welches sehr groß ist, als Overture und Manuscript von Beethoven zu geben, wodurch wir auch Zeit zum pro-bieren gewinnen würden."* Daran sollte sich nach dem Vor-schlag von Ries Beethovens Kantate Meeresstille und glück-liche Fahrt op. 112 anschließen.

Um seinem Wunsch nach einer Programmänderung Nach-druck zu verleihen, schlug Ries dann am 28. April noch vor, *„in den ersten Tagen meines Aufenthaltes in Aachen eine Probe der ganzen Sinfonie von Beethoven zu halten, alsdann könnten die Directoren selbst über den Effekt der Composi-tionen einigermaßen urtheilen."* Da das Aachener Komitee aber am Wunsch der Aufführung der 9. Sinfonie festhielt, sah sich Ries gezwungen, wegen mangelnder Probenzeit das Scherzo im zweiten Satz und einige Passagen im dritten Satz auszulassen.

---

47 Offenbar hatte Hauchecorne Ries von der kritischen Aufnahme der 9. Sinfonie wenige Tage zuvor in Frankfurt a. Main berichtet.

Die Werbung für das Niederrheinische Musikfest in Aachen war intensiv. Am 11. April 1825 veröffentlichte die *Stadt-Aachener Zeitung* eine Ankündigung des Niederrheinischen Musikfestes an den beiden Pfingsttagen, am 22. Und 23. Mai in Aachen. Man habe Ries für die Leitung gewinnen können. Für den ersten Tag werden dann eine *„Neue Symphonie von F. Ries (Manuscript)"*, die Kantate *Das Alexanderfest für Soli, Chor und Orchester von Georg Friedrich Händel (HWV 75) „neu instrumentiert von Mozart"* und *„als Schlußstück Arie und Chor (Halleluja) aus dem Oratorio Messias von Händel"* angekündigt. Zum zweiten Tag heißt es: *„Erster Theil: 1. Neueste Symphonie von Beethoven, mit Chören aus Schillers Hymne: an die Freude. (Manuscript). 2. Davidde penitente, Kantate von Mozart (theilweise). Zweiter Theil: 3. Ouvertüre aus der Zauberflöte, von Mozart. 4. Christus am Oelberge, Oratorium von Beethoven."*

Vor allem werde es möglich sein, *„Beethovens neueste Symphonie, ein Riesenwerk kennen zu lernen, worin der herrliche Meister, den das Rheinland mit gerechtem Stolze auch zu den Seinigen zählt, das Bewunderungswürdige geleistet, und sein Genius sich zu einer unerreichten Höhe empor geschwungen haben soll."*

Diese Mitteilung erschien wortgleich am 14. April in der *Kölnischen Zeitung*, am 23. April in der *Bonner Zeitung* und am 25. April in der *Neuen Düsseldorfer Zeitung*, sowie mindestens weiterer sieben Zeitungen des benachbarten In- und Auslands. In 17 Städten, nach Osten bis nach Münster und Dortmund, im Süden bis Saarbrücken, im Westen bis Brüssel, warben dortige Vertrauensmänner für das Fest.

Als Ort für die Konzerte stand mit 1180 Plätzen das neue Schauspielhaus in Aachen zur Verfügung, dessen Bau im Mai 1823 begonnen hatte und das am 15. Mai 1825 mit der Oper *Jessonda* von Louis Spohr eröffnet worden war.

*Abbildung 17: Aachener Schauspielhaus
im Jahr 1826, Lithografie von Jean Nicolas Ponsart
1788-1870 (Penta Springs - Alamy Stock Photo)*

Ferdinand Ries traf am 3. Mai 1825 für die letzten Proben in Aachen ein. Insgesamt war er zur Vorbereitung des Musikfestes einmal fünf und einmal drei Wochen in Aachen. Ab dem 20. Mai waren fast alle auswärtigen beteiligten Musiker angekommen und im Schauspielhaus konnten die Generalproben stattfinden.

Schon aus finanziellen Gründen musste man bei den Musikern auf Amateure („*Dilettanten*") zurückgreifen und konnte nur wenige Berufsmusiker engagieren. Die 266 Chormitglieder[48] waren ausschließlich Laien, das 147 Musiker starke Orchester war mehrheitlich mit Amateuren besetzt. Bezahlt wurden nur 29 Musiker[49], vornehmlich Streicher. Etwa 22 Orchestermusiker kamen aus dem städtischen Orchester Aachen, die anderen waren eigens für das Musikfest aus vielen Städten des Rheinlands und Westfalens sowie aus den

48 Dem Chor gehörten 28 Soprane, 32 Altistinnen, 32 Tenöre und 37 Bässe an. Das waren etwa 20 Sänger mehr als in Köln im Jahr zuvor. Offenbar bezogen auf den Chor schrieb Ferdinand Ries am 28. April 1825 an Hauchecorne: „Von Bonn sollen vier Frauenzimmer kommen, so sagte mir gestern Breidenstein."

49 Für 19 Proben und die Mitwirkung an den beiden Aufführungstagen wurden für Orchestermusiker insgesamt 332 Taler ausgegeben, also etwa 12 Taler pro Musiker.

Niederlanden gewonnen worden. Ries kümmerte sich auch selbst um die Auswahl. Damit war das Aachener Orchester kleiner als die bei den Musikfesten 1822 in Düsseldorf (190 Orchestermitglieder) und 1824 in Köln (178 Orchestermitglieder). Eingeübt wurden die ausgewählten Stücke mit dem Orchester vom städtischen Musikdirektor Paul Kreutzer.

Chordirigent war der Leiter des Aachener Gesangvereins und Domorganist Theodor Zimmers. Der in Aachen 1819 gebildete Gesangsverein konnte neben den bereits seit Januar zur Aufführung bestimmten Werken (Händels *Alexanderfest*[50], Beethovens *Christus am Ölberge* und Mozarts *Davidde peniten*) erst wenige Wochen vor dem Musikfest mit den Proben für Beethovens Neunte beginnen. Es ist zwar bekannt, welche Gesangssolisten 1825 in Aachen mitgewirkt haben, aber nicht überliefert, wer von ihnen die Solopartien im 4. Satz der 9. Sinfonie gesungen hat.

Die Konzerte begannen um 18 Uhr. Unter den 824 Abonnenten waren die Plätze verlost worden. Drei Logen waren der Festleitung und Ehrengästen vorbehalten. Da wegen des großen Besucheransturms die Galerien und die vorgesehenen Stehplätze nicht ausreichten, hatte man die Kulissen von der Bühne entfernt und dort ein Konzertpodium aufgebaut, sowie weitere Galerien eingerichtet. Damit konnten am zweiten Tag 1410 Zuhörer die Aufführung von Beethovens 9. Sinfonie miterleben.

Am Tag danach war diese Aufführung der Stadt Aachener Zeitung am 24. Mai 1825 allerdings keiner Erwähnung wert. *„Die Freunde und Verehrer der Tonkunst waren gestern Abend wieder gleich zahlreich bei unserm Musikfeste vereinigt, dem Beethovens Christus am Oelberge die Krone aufsetzte, nachdem des unsterblichen Mozarts wunderliebliche Töne die Gemüther der Anwesenden, wie mit Zaubergewalt, in den Kreis seiner hohen Begeisterung hinaufgezogen hatten." Die „lieblichen Sängerinnen dieses Festes" hätten dann zum Abschluss "dieser hehren Feier, deren würdevoller Ge-*

---

50 Händel hatte das Werk während eines Kuraufenthaltes 1735 in Aachen komponiert.

samteindruck sich lange und lebhaft bei uns erhalten wird"
Ferdinand Ries einen Kranz mit einem Gedicht überreicht, „von dem in demselben Augenblicke eine große Anzahl gedruckter Exemplare aus den obern Proszenium-Logen unter die Zuhörer hinabflatterten."

Nach minutenlangem Jubel habe „*der bescheidene Meister*" gesagt, "nur dem rastlosen, unausgesetzten, für die kurze Zeit des Zusammenseyens fast ermüdenden Bestreben der Sängerinnen, Sänger und Instrumentalisten habe es gelingen können, dem Publikum einen Genuß zu verschaffen, den es so dankend und ehrend angenommen. – Neuer, lange anhaltender, rauschender Jubel schloß die rührend ergreifende Szene." Wortgleich erschien dieser Bericht dann auch in der *Neuen Düsseldorfer Zeitung* vom 27. Mai und der *Bonner Zeitung* vom 28. Mai 1825.

Eine ausführliche Besprechung der Aachener Aufführung von Beethovens 9. Sinfonie von Johann Baptist Rousseau erschien in der *Rheinischen Flora* am 26. Mai 1825:

„*Außer Beethoven hat wohl noch Niemand gelebt, der das Orchester wie er zu behandeln versteht und mit den Instrumenten macht, was er will. Davon ist seine neue Symphonie abermals ein lauter Beweis. Wie herrlich ist das Ganze angelegt, wie genial das Einzelne vertheilt! Von Anfang bis zum Schluss ringt sich aus dem Chaos der Töne ein bald sanfter bald stürmischer Einklang hervor, der erst dann in seiner voller Glorie sich erheben wird, wenn die Symphonie öfter gehört und besser verstanden worden ist. Bei der Aufführung blieb das Scherzo weg, obgleich es einstudirt worden war, weil Mangel an Zeit diese Verkürzung erheischte. Sonst leistete der Verein, was nach Hinwegräumung der unsäglichen mit der Aufführung dieser Symphonie verbundenen Schwierigkeiten nur zu leisten möglich ist. In den Solos und Chören lachte der ganze Freudenhimmel der Gottheit auf die Welt herab; es ist nicht enthusiastischer Taumel, wenn ich behaupte, die Komposition der Stelle „Froh wie seine Sonnen fliegen" sei Sphärenmusik. Die Blumenfesseln der Harmonie umschlangen bei diesen Göttertönen alle Wesen, und der Kuß der Liebe galt der ganzen Welt."*

Kritischer urteilte Heinrich Carl Breidenstein in einer nicht namentlich gezeichneten Rezension am 29. Juni 1825 in der *Allgemeinen musikalischen Zeitung*: „*Kaum weiss ich, was ich von diesem kolossalen Werke, für dessen Beurtheilung, wie ich wohl fühle, der gewöhnliche Maßstab durchaus nicht passt, sagen soll. Dazu kommt noch, dass es nicht ganz gegeben wurde, denn das Adagio wurde zum Theil und das Menuett und Trio ganz und gar übergangen. Eben diese ausgelassenen Stücke sollen aber, nach dem Urtheil Aller, die sie in den Proben gehört, die ausgezeichnetsten seyn. Indess auch die gegebenen sind in jeder Hinsicht ausserordentlich zu nennen, und wenn dem Unbefangenen auch Manches beym ersten Anhören barock und sonderbar vorkommen will, so wird das Auge doch bald und oft genug von den Blitzen getroffen, die der Beethoven´sche Geist hindurch schlägt. … Es ist nicht zu läugnen, dass diess Finale mit seinen Chören der schwächere Theil des genialen Werks ist. Zwar fehlen auch hier nicht einzelne unvergleichliche Scenen und Stellen, aber dagegen – ich scheue mich nicht, es auszusprechen, denn gegen Beethoven nicht von der Brust zu reden, wäre unverzeihlich – fehlt es dem Ganzen an Haltung und Ausführbarkeit. Die Singstimmen, namentlich Sopran und Bass, liegen fast ohne Unterbrechung in ihrer möglichsten Höhe, und die große Trommel nebst Triangel und Pickelflöte, sowie Contrafagott und Contrabass, sind sehr obligat behandelt und maassen sich mehr an, als ihnen von Rechtswegen zukommt. Trotz dem kann man von Beethoven sagen, was man von Händel gesagt hat: Auch in der Verirrung – gross!*"

In *Caecilia - Zeitschrift für die musikalische Welt* war 1826 davon die Rede, dass an den Vorproben 362 Musiker teilnahmen, davon „*etwa 190*" Chormitglieder. „*Ganz vorne standen die Gesang-Solo-Stimmen, ihnen zur Seite dirigirte Herr Musikdirector Schornstein*[51] *aus Elberfeld den Chor am Pianoforte, an der ersten Violine Herr Musikdirektor Schmidt*[52] *aus Münster. Herr Ries selbst stand in der Mitte*

---

51 Johannes Schornstein (1789-1853) war als Musikdirektor und Chorleiter in Elberfeld Mitinitiator der Niederrheinischen Musikfeste.

52 Simon Georg Schmidt (1801-1861) war als Geiger ein Schüler von Louis Spohr und damals Chorleiter am Dom zu Münster. Später wirkte Schmidt als Musikdirektor in Halle und Bremen.

seitwärts zum Chore und Orchester gewendet und hatte also das Ganze immer im Auge."

Zur Aufführung der 9. Sinfonie heißt es in *Caecilia*: *„Uns scheint, dass der Meister in diesen Instrumental-Sätzen (von welchen wir jedoch das Scherzo nicht hörten, weil es in Aachen der Länge wegen weggelassen wurde) das Verworrene, das Treiben und Drängen grosser Massen - z.B. bei einem Volksfeste - habe darstellen wollen, in welchem sich zuweilen hie und da eine gewaltige Stimme Bahn schafft, aber bald im Gewirre, im Taumel und wildem Jubel untergeht, bis endlich dem Sänger es gelingt, den Tumult zu stillen. Seiner Aufforderung folgen dann Alle, und nun beginnt das Lied der Freude, in welches das ganze Volk einstimmt. Die Melodie dieses Liedes kann nur in möglichst grosser Masse gesungen, Wirkung thun. Hier war diese weniger bemerkbar. - Ebenso ist uns der Componist in den eingelegten Solopartieen nicht klar geworden, weil ihr Effect, nach der Anwendung so grosser Kraft, doch unvollkommen blieb. Dagegen sind einzelne Stellen uns stets lebendig, unter welchen wir insbesondere diejenige bezeichnen, wo, vor dem Schlusschor, aus dem mächtigsten Fortissimo und Allegro des Ganzen, plötzlich die vier Gesang-Solostimmen im Adagio hervortreten und, auf den Worten „Alle Menschen werden Brüder, wo dein sanfter Flügel weilt", die Cadenz ausführen. Wir gedenken mit Freuden ihrer ausserordentlichen Wirkung."*

Schon am 9. Juni 1825 hatte Ferdinand Ries nur wenige Tage nach dem Aachener Konzert aus Godesberg begeistert an Beethoven in Wien berichtet: *„Seit einigen Tagen bin ich von Aachen zurück, und sage Ihnen mit dem größten Vergnügen, daß Ihre neue Sinfonie mit außerordentlicher Praezision aufgeführt, und mit dem größten Beifall aufgenommen worden ist - es war eine harte Nuß zu brechen, und den letzten Tag hab ich am Finale allein 3 Stunden lang probirt - allein ich besonders, und alle anderen waren durch die Aufführung hinlänglich belohnt. Es ist ein Werk, dem man keines an die Seite setzen kann, und hätten Sie nichts wie das geschrieben, so hätten Sie sich unsterblich gemacht - wo werden Sie uns noch hinführen?? Da es Sie interessiren* wird noch einiges über die Aufführung zu hören, so will ich es Ihnen kurz beschreiben. Das Orchester und Chorpersonale bestand aus 422 Personen und sehr viele ausgezeichnete Leute darunter. Der erste Tag wurde mit einer neuen Sinfonie von mir angefangen, und nachher das Alexanderfest von Handl. Der zweite Tag fing mit ihrer neuen Sinfonie an, nachher Davide penitente von Mozart, Overtüre aus der Zauberflöte und Christus am Öhlberg. – Der Applaus des Publikums war beinahe fürchterlich, ich war seit dem 3. Mai schon in Aachen, um die Proben zu machen und um die Zufriedenheit und den Enthusiasmus des Publikums zu bezeugen, wurde ich nach der Ausführung herausgerufen, wo mir von einer Dame |: schön war sie auch:| ein Gedicht nebst Lorbeerkrone überreicht wurde. Zu gleicher Zeit folgte Blumen-Regen und Gedicht von den oberen Logen. Alles war vergnügt und zufrieden, und sie gestehen ein, daß es das schönste von den sieben Pfingstfesten war, welches sie bisher gehabt haben."

So hatte Beethoven selbst die Voraussetzung für die Aufführung seiner 9. Sinfonie in seiner rheinischen Heimat geschaffen und diese persönlich autorisiert, wenn auch nicht in der gekürzten Form. Zur ersten vollständigen Aufführung der 9. Sinfonie in Deutschland kam es erstmals am 6. März 1826 in Leipzig unter der Leitung von Gewandhauskapellmeister Johann Philipp Christian Schulz.

Danach folgten Aufführungen der Neunten in vielen anderen Städten. Dazu gehörte Berlin, wo am 18. November 1826 im kleinen Kreis der erst 17-jährige Felix Mendelssohn-Bartholdy eine Klavierfassung darbot.[53] Am 27. November die Originalfassung unter der Leitung von Carl Moeser gespielt wurde. Weniger bekannt ist die Bremer Erstaufführung am 20. Dezember 1826. In Paris wurde Beethovens Neunte erstmals am 27. März 1831 gespielt, in St. Petersburg am 7. März 1836.

---

53 Felix Mendelssohn-Bartholdy selbst dirigierte die 9. Sinfonie u.a. im Rahmen der Leipziger Gewandhaus-Konzerte am 11. Februar 1836 und am 11. Februar 1841 sowie beim 18. Niederrheinischen Musikfest am 23. Mai 1836 in Düsseldorf.

Wie Schillers Ode mit Beethovens Neunter nach Bonn zurückkehrte

Dass Beethovens Neunte wurde in seiner Heimatstadt Bonn erst am 10. August 1845 aufgeführt, also mehr als zwei Jahrzehnte nach der Wiener Uraufführung. Trotz seiner vielfachen Bekenntnisse zur eigenen Heimat – er unterschrieb in Wien sogar Briefe mit *„Beethoven Bonnensis"* – war der Komponist nach seinem Wegzug 1792 in seiner Heimatstadt weitgehend vergessen.

Die französischen Besetzung Bonns am 8. Oktober 1794 beendete das reichhaltige musikalische Leben in der Residenzstadt, denn der Auflösung des Hofstaates mit der Vertreibung des Kurfürsten war auch die Hofkapelle zum Opfer gefallen. Die Besatzung hatte zudem zur Folge, dass von Beethovens Freunden nur wenige in Bonn verblieben: darunter Franz-Gerhard Wegeler und seine Frau Eleonore geb. von Breuning, Franz Anton Ries und Nikolaus Simrock.

Am 25. September 1799 hieß es in der *Allgemeinen musikalischen Zeitung* in einem Bericht des Frankfurter Korrespondenten vom Juli des Jahres: *„Sie verlangen von mir Nachrichten aus den Rheingegenden, über Musik und ihre Kultur unter diesem herrlichen Himmelsstriche. Sie dürfen sich wenig – äusserst wenig von meiner Erndte versprechen; denn die Felder liegen jezt alle brach, wo man vorher noch einzelne Fruchthälmchen sah. Der Krieg hat das Wenige, was sonst, obwohl kümmerlich blühte, nun ganz zu Grunde gerichtet."*

Der Bonner Gymnasiallehrer Dr. Hennes erinnerte sich in der *Kölnischen Zeitung* vom 15. Juli 1838: *„Beethoven'sche Musik hörte man nur selten. Wenn nicht der alte Herr Simrock mit Beethoven in stetem Verkehr geblieben wäre, man hätte wohl selbst seinen Namen nur selten in Bonn gehört. Nur Wenige bewahrten in liebendem Herzen die Erinnerung an den edlen Meister."*

Auch Beethovens zeitweiliger Assistent Anton Schindler beklagte 1840 in seiner Beethoven- Biographie, dass Beethoven in seiner Heimat fast völlig vergessen worden war und *„leider ausser Herrn Dr. Wegeler in Coblenz, Vater Ries und Musikverleger Simrock in Bonn, sich weiter keine Seele um ihn bekümmert hatte"*.[54]

Auffällig ist auch, dass sich unter den Subskribenten für die im August 1826 bei Schott erschienene 9. Sinfonie und die im März/April 1827 im selben Verlag gedruckte Missa solemnis unter den 210 aufgeführten Namen aus über 100 Städten mit Nikolaus Simrock nur ein einziger Bonner findet. Dies wird selbst von Städten ohne erkennbaren Beethoven-Bezug wie Braunschweig (3) oder Magdeburg (3) übertroffen.

Am 17. Dezember 1826 kam es in Bonn immerhin zu einem Konzert zum Geburtstag des Komponisten, in dessen Rahmen Beethovens 4. Sinfonie wahrscheinlich zum ersten Mal in seiner Heimatstadt gespielt wurde. Sie war schon 1807 in Wien uraufgeführt worden.

Als Initiator und Dirigent des Konzertes formulierte Musikdirektor Heinrich Karl Breidenstein im *Bonner Wochenblatt* vom 17. Dezember 1826 ausdrücklich als Ziel: *„Es liegt in meiner Absicht, das hiesige musikliebende Publikum nach und nach mit den vorzüglichen neuern Symphonien und namentlich mit den Bethovenschen bekannt zu machen. Jedermann erkennt das Ausserordentliche, was Bethoven in diesem Fache geleistet hat, und er gilt mit Recht als der Stifter einer neuen, d.h. der neuesten Epoche der Instrumental=Musik, indem er die materiellen Kunstmittel auf eine Weise beschäftigt, welche seinen großen Vorgängern, Haydn und Mozart, zum Theil noch nicht gestattet wa*r".

Bei den folgenden drei Winterkonzerten 1826/27 kam es so zu Bonner Erstaufführungen der 8. und der 2. Sinfonie sowie der *Fidelio*-Ouvertüre. Wenn man sich vor Augen hält, dass beispielsweise Beethovens 5. Sinfonie nach der Uraufführung am 22. Dezember 1807 bereits 1809 in Bremen und Breslau und 1811 in Paris, Mannheim und Dresden gespielt

54 Anton Schindler, Biographie von Ludwig van Beethoven, 1. Auflage, Münster 1840, S. 160.

wurde, fällt besonders auf, wie sehr Bonn hinterherhinkte, denn dort erklang sie erstmals vermutlich im Januar 1827.

Dem aus Hessen stammenden Musikwissenschaftler Breidenstein kommt das große Verdienst zu, Beethoven in seiner Heimatstadt wieder ins Rampenlicht gerückt zu haben. Er war 1823 Musikdirektor an der Bonner Universität geworden und wurde dort 1826 als außerordentlicher Professor Inhaber des ersten musikwissenschaftlichen Lehrstuhls in der deutschen Universitätsgeschichte.

Abbildung 18: Heinrich Carl Breidenstein (1796-1876) - Ölgemälde von Carl Wilhelm Tischbein
Beethoven-Haus Bonn, B 183

Breidenstein war auch Initiator und treibende Kraft für die Gründung des *Bonner Verein für Beethovens Monument*, der am 17. Dezember 1835 zum 65. Geburtstag des Komponisten einen Aufruf an die Verehrer Beethovens veröffentlichte, in dem es hieß: *„Selten hat ein Künstler so bedeutsam,* *so denkwürdig gewirkt, wie Beethoven. ... Eine so äußerst seltene, wohlthätige und weithin wirkende Erscheinung verdient es, auf eine seltene und außerordentliche Weise gefeiert zu werden, nämlich durch ein plastisches, möglichst großartiges Monument. Ueber den dazu geeignetsten Ort kann kein Zweifel sein. Die Stadt Bonn am Rheine, in welcher der unsterbliche Künstler das Licht der Welt erblickte, ... scheint zu dem Unternehmen in gleicher Weise berechtigt, wie verpflichtet"*.

Erst als Robert Schumann den mit einer Spendenbitte verbundenen Aufruf am 8. April 1836 in der von ihm herausgegebenen *Neuen Zeitschrift für Musik* veröffentlichte, wurde er von der nationalen und internationalen Presse beachtet. Als erster gab dann Ferdinand Ries am 5. Mai 1836 in Frankfurt ein Benefiz-Konzert zugunsten des Bonner Beethoven-Denkmals.

Letztlich ermöglichte Franz Liszt, der ebenfalls schon 1836 Geld für das Denkmal sammelte und 1839 Ehrenmitglied des Denkmalkomitees geworden war, mit einem erheblichen Zuschuss aus seinem Privatvermögen die Fertigstellung des Beethoven-Denkmals, das am 12. August 1845 auf dem Bonner Münsterplatz enthüllt wurde.

Franz Liszt drängte auch darauf, die Enthüllung des Beethoven-Denkmals mit einem europäischen Musikfest zu verbinden. In ihrer von dem Musiker autorisierten Liszt-Biografie erläuterte Lina Ramann: *„Nach seiner Idee durfte die Feierlichkeit nicht lokal, auch nicht exklusiv musikalisch oder exklusiv national bleiben: sie sollte dem Genius des großen Meisters entsprechend auf breiter Basis sich bewegen und einen internationalen Charakter tragen."*[55]

Wie sehr dies die Musikwelt elektrisierte, zeigt beispielhaft ein Brief von Hector Berlioz am 2. August 1845: *„Ich habe vor, sofort nach Bonn zu fahren, wohin alle gehen. Es ist eine wahre Auswanderung an Künstlern, Schriftstellern und Neugierigen. Ich habe keine Ahnung, wo wir unterkommen wer-*

---

55 Lina Ramann, Franz Liszt als Künstler und Mensch, Band 2, 1. Abteilung: Die Jahre 1841 bis 1847, Leipzig 1887, S. 254.

den. Ich nehme an, wir werden gezwungen sein, Zelte am Rheinufer aufzubauen und in Booten zu schlafen."[56]

Zur Vorbereitung des Festes hat das Denkmalkomitee sieben Unterkommissionen gebildet, von denen sich eine dem musikalischen Programm widmete. Den Kern dieses ersten Beethovenfestes vom 10. bis 13. August 1845 bildeten neben der Enthüllung des Denkmals und einem Festgottesdienst im Bonner Münster drei Konzerte, von denen zwei ausschließlich mit Kompositionen Beethovens bestritten wurden. Die Hürden für dieses Musikprogramm konnten erst Anfang Juli, also nur vier Wochen vor dem Beginn des ersten Bonner Beethovenfestes ausgeräumt werden.

Für das ersten dieser Konzerte am Sonntag, den 10. August um 18 Uhr wurde die *Missa solemnis* und die 9. Sinfonie programmiert. Vor allem aber wollte man – wie sich Breidenstein erinnerte – *„den Anfang machen" mit den „beiden letzten und schwierigsten Werken" Beethovens „theils um die Hörer gleich auf den Höhepunkt des Beethoven´schen Genius zu führen, theils um die großartigen, die ungheuersten Anstrengungen erfordernden Werke mit frischen, ungeschwächten Kräften aufführen zu können."*[57]

Dirigent des Konzertes mit der ersten Aufführung der 9. Sinfonie Beethovens in seiner Heimatstadt war mit dem 61-jährigen Louis Spohr einer der renommiertesten Dirigenten seiner Zeit. Er hatte bereits im Frühjahr 1839 in Kassel, wo er seit 1822 Hofkapellmeister war, ein Benefizkonzert für das Bonner Beethoven-Denkmal gegeben.

Die Musik Beethovens hatte Spohr bereits als Jugendlicher kennen- und schätzen gelernt. Mit seiner Frau Dorette, die eine hervorragende Pianistin war, brachte er bald nach seiner Ernennung zum Konzertmeister in Gotha 1805 dort Beet-

---

56 Hector Berlioz, Correspondance Générale III: September 1842–1850, hg. von Pierre Citron, Paris 1978, Nr. 987, S. 272f., hier S. 272 (Übersetzung aus dem Französischen vom Autor).

57 Heinrich Carl Breidenstein: Zur Jahresfeier der Inauguration des Beethoven-Monuments: Eine actenmässige Darstellung dieses Ereignisses, der Wahrheit zur Ehre und den Festgenossen zur Erinnerung; nebst einem Stahlstich des Monuments und dem Verzeichnis der Mitwirkenden, Bonn 1846, S. 5.

hovens frühe Klavierkonzerte und Sinfonien zur Aufführung. Als er 1813–1815 Konzertmeister am Theater an der Wien war, lernte Spohr Beethoven auch persönlich kennen. In seiner 1860/61 erschienen Autobiographie erinnert er sich *„meines freundschaftlichen Verhältnisses zu diesem großen Künstler".* [58]

Abbildung 19: Louis Spohr (1784-1859) - Stahlstich von F. Schröder, wohl nach einer eigenen Zeichnung Beethoven-Haus Bonn, B 840)

In Wien spielte Spohr als Solist übrigens selbst Beethovens Violinkonzert und erlebte die Uraufführung der 7. Sinfonie, die er als Meisterwerk bezeichnete. Später dirigiert er sie z.B. beim Niederrheinischen Musikfest 1840 in Aachen.

Spohr äußerte sich aber auch kritisch über einige Werke des Bonner Komponisten – auch zur 9. Sinfonie. Er gestehe, *„daß ich an den letzten Arbeiten Beethoven´s nie habe Geschmack finden können. Ja, schon die viel bewunderte neunte Symphonie muß ich zu diesen rechnen, deren drei erste Sätze mir, troß einzelner Genie-Blitze, schlechter vorkommen, als sämmtliche der acht früheren Symphonien, deren vierter Satz mir aber so monströs und geschmacklos und in seiner Auffassung der Schiller'schen Ode so trivial erscheint, daß ich immer noch nicht begreifen kann, wie ihn ein Genius wie der Beethoven'sche niederschreiben konnte.*

58 Louis Spohr´s Selbst-Biographie Band 1, Kassel/Göttingen S. 197 ff, 213 und 202.

Ich finde darin einen neuen Beleg zu dem, was ich schon in Wien bemerkte, daß es Beethoven an ästhetischer Bildung und an Schönheitssinn fehle."

Spohr hatte Beethovens 9. Sinfonie erstmals an Ostern 1828 in Kassel dirigiert und von da an gehörte sie zu seinem Repertoire. So dirigierte er den 3. und 4. Satz des Werkes auch am 10. Juli 1843 in Anwesenheit von Queen Victoria, ihres Mannes Prinz Albert und des niederländischen Königs in der *Philharmonic Society of London*, deren Schirmherrin die Queen seit 1837 war.

Es verwundert vor diesem Hintergrund nicht, dass die Bonner an Louis Spohr dachten, mit Franz Liszt zusammen die musikalische Leitung des 1. Beethovenfestes zu übernehmen. Ferdinand Ries war bereits 1838 verstorben. Da man aber glaubte, dass Spohr nicht verfügbar sei, wandten sich die Bonner aber zunächst an Felix Mendelssohn-Bartholdy, der zum fraglichen Zeitpunkt jedoch schon andere Verpflichtungen hatte.

Auch Spohr sagte dann Anfang Juli zunächst ab. Er sei zwar interessiert, könne aber wohl keinen Urlaub bekommen, weil sein Dienstherr, der Kronprinz Friedrich Wilhelm von Hessen-Kassel, erwarte, dass zu seinem Geburtstag am 20. August eine neue Oper einstudiert werde. Als der Kronprinz in den Tagen danach zufällig auf der Durchreise in Köln logierte, schickte das Bonner Komitee eine Abordnung dorthin und erwirkte die Urlaubsbewilligung für den Dirigenten. Spohr nahm nun die Einladung nach Bonn an und verzichtete dabei auf ein Honorar. Zugleich hatte er aber Bedenken, anspruchsvolle Werke wie die 9. Sinfonie und die Missa solemnis angesichts der kurzen Zeit für Proben aufzuführen, zumal ihm die Messa nur oberflächlich bekannt sei und er sich zunächst eine Partitur besorgen müsse. Breidenstein gelang es diese Sorgen u. a. mit dem Hinweis zu zerstreuen, dass das Werk im Jahr zuvor beim Niederrheinischen Musikfest aufgeführt worden war und viele der dort beteiligten Musiker auch in Bonn zum Einsatz kämen. Außerdem würde der Chor unter fachkundiger Leitung gut vorbereitet werden.

Kern des Chores waren der 1834 von Breidenstein geründete der *Städtisch-akademische Musikverein* und der *Bonner Bürger-Singverein*. Außerdem ergingen Einladungen an die Gesangvereine in Köln, Aachen, Düsseldorf, Koblenz, Elberfeld und Barmen. Es kamen schließlich im Chor 343 Sängerinnen und Sänger aus über 30 Orten zusammen.[59] Den größten Anteil stellten die Kölner (139) und Bonner (120), gefolgt von Aachen (21), Düsseldorf (19) und Koblenz (11). Es fanden rund ein Dutzend Chorproben statt, die zunächst Breidenstein selbst und dann der Kölner Musikdirektor Franz Weber leitete, der dafür zweimal in der Woche aus Köln nach Bonn kam. Im Orchester musizierten 162 Instrumentalisten[60] vor allem aus Köln (52) und Bonn (28). Darüber hinaus boten viele Musiker aus fast 40 Orten - darunter europäische Musikzentren wie Wien, Paris, Berlin und Amsterdam - ihre unentgeltliche Mitwirkung an.

Louis Spohr traf am Abend des 6. August in Bonn ein und logierte mit seiner Frau im Hotel *Zum goldenen Stern* am Marktplatz. Franz Liszt wohnte seit Ende Juli bei einem Freund in Köln und kam mehrmals wöchentlich nach Bonn.

Die Generalproben begannen am Donnerstag, den 7. Agust 1845 zunächst in der Reitbahn, da der kurzfristig eigens für das Beethovenfest erbaute Konzertsaal noch nicht fertiggestellt war. Man probte zweimal täglich und Sonntagvormittag, so dass bis zur Aufführung der *Missa solemnis* und der 9. Sinfonie sieben Proben stattfanden, bei denen freilich auch andere Werke für die Konzerte einstudiert werden mussten.

Das Fehlen eines angemessenen Konzertsaales war auf ungewöhnliche Weise behoben worden. Mit Unterstützung vieler Handwerksmeister aus Bonn und der Region wurde unter der Leitung des Kölner Dombaumeisters Ernst Friedrich Zwirner innerhalb von 11 Tagen in unmittelbarer Nähe des ehemaligen kurfürstlichen Schlosses und heutigen

---

59 95 Sopran, 73 Alt, 80 Tenor und 95 Bass.

60 1. Violine: 31; 2. Violine: 28; Bratsche: 20; Violoncello: 24; Kontrabass: 14; Flöte: 6; Klarinette: 4; Oboe; 3; Fagott: 4; Horn: 9; Trompeten: 7; Posaune 5; Basshorn 1; Kontrafagott: 1; Schlagzeug: 3.

Hauptgebäudes der Universität (in der Franziskanerstraße, wo sich seit 1906 das 2010 stillgelegte Victoriabad befindet) ein Festspielhaus errichtet.

Gottfried Kinkel schrieb dazu am 7. August 1845 in der Augsburger *Allgemeinen Zeitung*: *„die Bürgerschaft betheiligt sich mit großem Eifer an dem Werke, und unter einer Fahne mit der Inschrift: Eintracht macht stark, arbeiten jetzt in dem ehemaligen Franciscanergarten (zwischen der gleichnamigen Kirche und dem Kloster) vom frühen Morgen bis zum späten Abend Maurer und Zimmerleute aus Bonn und den Nachbarorten."*

Am 21. August konnte er dann berichten, dass in der *„Frist von e l f Ta g e n ein imposantes Bauwerk"* in der Art einer Basilika von umgerechnet fast 61 Metern Länge, 23 Metern Breite und im Mittelschiff mehr als 12 Metern Höhe fertiggestellt worden war. Dieser Saal mit allgemein gelobter Akustik war größer als der Kölner Gürzenich.

Schon bei den Vorbereitungen des ersten Bonner Beethovenfestes hatte Beethovens Neunte übrigens eine besondere Rolle gespielt. Der *Schott-Verlag* hatte nämlich angeboten, für die Aufführung der *Missa solemnis* und der 9. Sinfonie – wie das *Bonner Wochenblatt* bereits am 22. Juni berichtete – *„den ganzen Bedarf an Sing- und Instrumentalstimmen nebst Partitur- und Klavierauszügen unentgeltlich herzuleihen."* Dabei ging es immerhin um ca. 800 Chorstimmen, einige hundert Instrumentalstimmen, zwei Partituren und zwei Klavierauszüge.

Allerdings äußerte der Mainzer Verlag den Wunsch, dafür seine Partituren in den Sockel des Beethoven-Denkmals einlassen zu dürfen. Dazu meldete das *Bonner Wochenblatt* am 13. Juli 1845: *„Das Comite glaubte einer solchen, dem Andenken Beethovens dargebrachten Huldigung unbedenklich entsprechen zu müssen. Demnach wurde vorgestern, Nachmittags sechs Uhr, in Gegenwart der meisten Mitglieder des Comite´s, die vollständige Partitur der oben genannten beiden Meisterwerke, mit einer passenden, von allen Anwesenden unterzeichneten Inschrift versehen, in eine hermetisch verschlossene Metallkapsel gelegt und unter den üblichen Gebräuchen in der Mitte des Monument-Sockels eingemauert."*

Bevor die Partituren in der Metallkassette verschlossen und im Denkmalsockel eingelassen wurden, war auf der inneren Umschlagseite der Partitur der 9. Sinfonie handschriftlich mit Tinte ein Widmungstext eingetragen worden: *„Diese beiden Partituren wurden als Beethovens letzte und größte Werke auf den Wunsch der Verleger bei der Einrichtung des Monuments in Gegenwart der unterzeichneten Mitglieder des Comite heute den zehnten Juli achtzehn hundert fünfundvierzig in den Sockel desselben eingemauert."*[61] Unterzeichnet wurde der Text von den fünf Mitgliedern des Denkmalkomitees Heinrich Carl Breidenstein, Friedrich von Salomon, Karl Moritz Kneisel, Hermann Schaaffhausen und Hermann Gerhards.

Diese Kassette wurde gefunden, als das Denkmal am 26. August 1963 wegen des Baus der Tiefgarage unter dem Münsterplatz entfernt wurde. Von Pressluthämmern wurde sie beschädigt und dann mit der vergeblichen Erwartung geöffnet, dort die Gründungsurkunde des Denkmals zu finden.[62]

Die Bonner Aufführung der *Missa solemnis* und der 9. Sinfonie unter der Leitung von Louis Spohr am 10. August 1845 war mit 343 Sängerinnen und Sängern und 162 Instrumentalisten die bis dahin bei weitem Voluminöseste. Bei der Wiener Uraufführung hatten nur etwa 60 Instrumentalisten und 39 Sänger und Sängerinnen mitgewirkt. In London waren es 74 Instrumentalisten. Über die Größe des Londoner Chores gibt es keine genaueren Angaben. An der Aachener Aufführung waren 147 Orchester- und 266 Chormitglieder beteiligt. Zum 200. Jubiläum der Uraufführung spielt das Beethoven Orchester Bonn in der heute meist üblichen Besetzung mit 63 Orchestermusikern und 70 Chormitgliedern.

Die Solisten im 4. Satz von Beethovens Neunter waren die Sopranistin Marie Sachs aus Köln, die Altistin Anna Kratky Hofopernsängerin aus Frankfurt am Main, als Tenor ein *„Herr Beier"* aus Köln und als Bass der renommierte Hofopernsänger Josef Staudigl aus Österreich.

61 Stadtarchiv Bonn SN 158/56.

62 Dazu im Einzelnen: Stephan Eisel, Das Beethoven-Denkmal und seine Urkunden, in: Bonner Geschichtsblätter Band 72, Bonn 2024, S. 7-44.

Heinrich Carl Breidenstein hatte erhebliche Probleme diese Solisten zu verpflichten, da viele durch andere Engagements gebunden waren. Anna Kratky wurde vom Frankfurter Kapellmeister Carl Guhr empfohlen, der zwanzig Jahre zuvor die Frankfurter Erstaufführung der Neunten geleitet hatte. Er gewährte der Sängerin Sonderurlaub für die Mitwirkung beim Beethovenfest. Um Staudigl zu verpflichten reiste Breidenstein eigens nach Aachen, wo sich dieser Mitte Juli aufhielt. Der Bassist sagte seine Mitwirkung unter Bedingung zu, dass dies seine Mitwirkung bei beim Brühler Hofkonzert für Queen Victoria nicht gefährde.

Besonders schwierig war es, einen Tenor zu verpflichten. Der zunächst angesprochene Dresdner Opernsänger Josef Tichatschek sagte erst am 25. Juli ab, weil man ihm wegen des Besuchs von Queen Victoria in Dresden keinen Urlaub gewähre. Auf Empfehlung von Franz Liszt wandte sich Breidenstein dann an den Weimarer Sänger Franz Götze, der eigens seine Kur in Kreuznach abbrach. Am 8. August kam er in Bonn an und erkrankte unmittelbar nach der Ankunft. So wurde am Tag vor dem Konzert der 1. Tenor am Kölner Stadttheater Beier engagiert, der dann der Aufgabe nicht gewachsen war. Breidenstein erinnerte sich dazu dazu entschuldigend: *„Herr Beier war unwohl und ohne seine Schuld nicht gehörig vorbereitet."*[63] Den Zuhörern und der Kritik blieb dies nicht verborgen.

Insgesamt aber war Breidenstein schon bei den Proben zuversichtlich: *„Man konnte indessen bald gewahr werden, dass die beiden grossen, bestens vorbereiteten Werke unter Spohrs ruhiger, umsichtiger und sicherer Leitung nicht würden misslingen können."* So wurde denn auch beim Konzert *„der alte ehrwürdige Meister" „mit lauterm, freudigen Zurufe empfangen" und nach jedem Stück brach „anhaltender Beifall" aus: „Am Schluss des Concerts langer stürmischer Jubel,*

---

63 Heinrich Carl Breidenstein: Zur Jahresfeier der Inauguration des Beethoven-Monuments: Eine actenmässige Darstellung dieses Ereignisses, der Wahrheit zur Ehre und den Festgenossen zur Erinnerung; nebst einem Stahlstich des Monuments und dem Verzeichnis der Mitwirkenden, Bonn 1846, S. 12.

während dessen eine junge Dame aus dem Chore dem ehrwürdigen Dirigenten einen Lorbeerkranz überreichte."

Die Presse berichtete durchgehend von der Begeisterung der ca. 1.800 Besucher des Konzertes[64]: Im *Bonner Wochenblatt* war zwei Tage danach zu lesen, *„daß sich die allgemeine Zufriedenheit hierüber auf das erfreulichste aussprach. Den einzelnen Musikstücken wurde mehrfach applaudirt und am Schluß unter dem rauschendsten Beifalle dem berühmten Dirigenten ein allgemeines Hoch gebracht."* Die *Nürnberger Zeitung* vermerkte am 16. August: *„Unter dem tollsten Beifall endigte das Concert, das ein gelungenes, ein schönes zu nennen war."* Die *Wiener allgemeine Musik-Zeitung* berichtete am 21. August später Ähnliches: *„Obgleich die Aufführung dieser beiden großen Werke die Dauer eines gewöhnlichen Konzertes weit überschritt, so war doch die Stimmung des zahlreich versammelten Publikums eine sehr empfängliche und steigerte sich zuletzt bei der 9. Symphonie zum Enthusiasmus."*

Hector Berlioz schrieb im *Journal des Débats Politique et Littéraires* am 22. August 1845: *„Der Eindruck der Chorsymphonie war groß und feierlich; der erste Satz mit seinen riesigen Dimensionen und seinem tragischen Stil, das Adagio so voll poetischer Sehnsucht, das in so lebhaften Farben schimmernde, von süßem Naturduft erfüllte Scherzo, haben nacheinander die Versammlung erstaunt, bewegt und entzückt: Trotz der Schwierigkeiten, welche die Sopranpartie in der zweiten Hälfte der Symphonie bietet, ist sie von den Damen mit bewunderungswürdiger Verve und Klangschönheit gesungen worden. Der kriegerischen Strophe mit dem Tenorsolo „Freudig wie ein Held zum Siegen" fehlte es an Bestimmtheit und Klarheit. Aber der religiöse Chor: „Seid umschlungen Millionen!" erklang mit imponierender Kraft, wie die Stimme eines Volkes in einer Kathedrale. Er machte einen höchst ästhetischen Eindruck."*[65]

---

64 Zu den beiden anderen Konzerten des Beethovenfestes kamen 2.100 bzw. 2.350 Besucher.

65 Ins Deutsche übersetzt in: Hector Berlioz, Abendunterhaltungen im Orchester, Leipzig 1909, S. 401 ff.

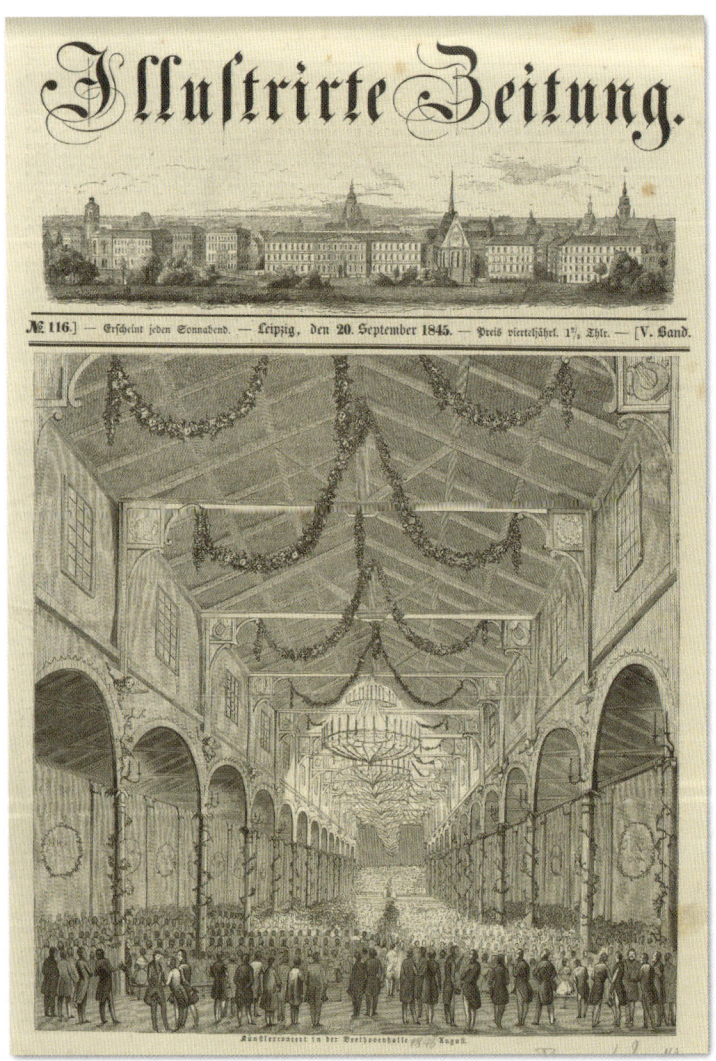

Abbildung 20: Die Bonner Beethovenhalle beim ersten Beethoven-Fest vom 11. bis 13. August 1845, Titelseite der Leipziger Illustrirten Zeitung, Illustration, vermutlich nach Vorlage von Georg Osterwald, Leipzig 1845
Beethoven-Haus Bonn, B 2500

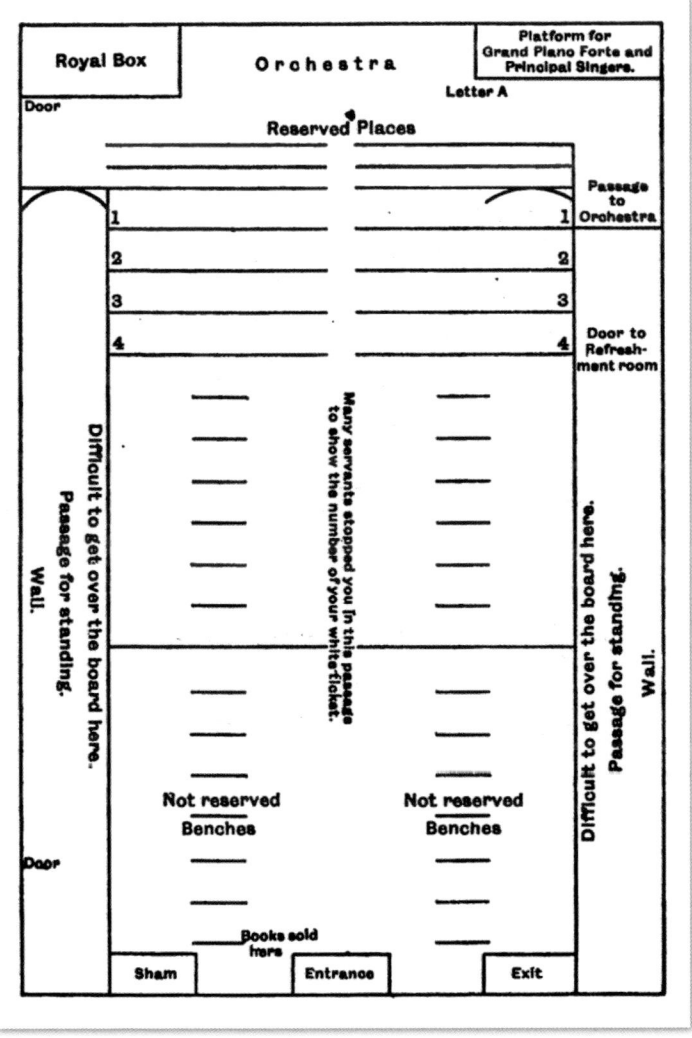

Abbildung 21: Sitzordnung im Konzertsaal des 1. Beethovenfestes in Bonn 1845 bei Aufführung der 9. Sinfonie (Leaves from the Journal of Sir George Smart (by Bertram Cox and C.L.E. Cox) London and New York, 1907, S. 312

Zugleich befand Berlioz das Orchester *„in vielen Beziehungen zu schwach."* Man hätte die Defizite vor allem bei den Bläsern ausgleichen können, wenn man die zahlreichen anwesenden hochrangigen ausländischen Instrumentalisten einbezogen hätte. Der Chor habe *„fast ununterbrochen eine bewunderungswürdige Präzision und Ehrlichkeit gezeigt"*, sei aber im Verhältnis von Männer- und Frauenstimmen nicht ausgewogen gewesen.

Zu Gast beim ersten Bonner Beethovenfest war neben dem Dirigenten der Frankfurter Aufführung Carl Guhr auch der englische Dirigent Sir George Smart, der 1824 die Londoner Erstaufführung der 9. Sinfonie geleitet hatte. Er zeigte sich besonders beeindruckt von der Festhalle. Allerdings sei das Orchester-Podium zu niedrig gewesen, zumal der Chor vor dem Orchester plaziert gewesen sei. Die Solisten hätten sehr erhöht an der Seite, fast hinter dem Dirigenten gestanden. Die Bankreihen seien numeriert gewesen, die Sitzplätze in den Reihen aber nicht. Der Konzertsaal sei durch Kerzen ausreichend beleuchtet und durch Fenster auf beiden Seiten gut belüftet gewesen.

Nach dem Urteil des englischen Dirigenten sei die Missa solemnis in dem Konzert „well performed" dargeboten worden, die 9. Sinfonie *„went famously"*: *„Die pianos und fortes waren so gut, dass ich diese Sinfonia noch nie zuvor so gut gehört habe, aber die Trompeten hatten einen schlechten Klang. Die Trommeln schlugen unseren Chipp[66] und waren im Takt viel besser; die Musik war großartig, die Oboe und das Fagott waren besser als unsere, letzteres nur vom Klang her, die Hörner waren viel besser gespielt als unsere, aber die ganze Wirkung ist nicht laut genug. Der Chor ist zu stark für die Stimmen. Der Hauptsänger dieser Ode war unendlich wirkungsvoller als unserer, und die deutschen Texte scheinen besser zu passen. Ich war erfreut zu sehen, wie ordentlich die Interpreten dem Dirigenten gehorchten.*

---

66 Thomas Paul Chipp (1793–1870) war über 50 Jahre ein bekannter und hoch geschätzter Harfinist und Schlagzeuger in den Londoner Orchestern.

Das Publikum war äußerst aufmerksam."[67]

Es liegt auch ein Brief der aus Münster stammenden Besucherin des Beethovenfestes Marie Ophoven vor, die ihrer Stiefmutter unbeeinflusst von der Presseberichterstattung eigene Eindrücke der Konzerte des Beethovenfestes schilderte. Zur Aufführung von Beethovens Neunter schrieb sie: *„Bald war es jetzt schon Zeit zum ersten großen Conzert in der Festhalle. Wundervoll war unter Leitung des Herrn Spohr die Aufführung der Messe No 1, und dann die große herrliche 9te Sinfonie mit Chören; der Jubel und Enthusiasmus stieg aufs höchste, ich bedaurte nichts mehr, als daß kein Sohn oder Enkel existirte, um zugegen sein zu können*[68]. *Dies war der erste aber auch eigentlich der schönste Abend."*[69]

Heinrich Carl Breidenstein fasste ein Jahr nach der Aufführung das Echo auf die Bonner Erstaufführung der Neunten Konzerts so zusammen: *„Den größten und allgemeinsten Enthusiasmus erregte die Symphonie, die auch auf den Laien ihre Wirkung nicht verfehlte, während nocht Alle sich mit dem in der Messe waltenden Geiste zu befreunden vermochten. … So hatte denn das Fest mit diesem Concerte in einer Weise begonnen, die schwerlich großartiger, erhebender und des gegenstandes würdiger hätte sein können.*

Der Eindruck, den es hervorbrachte, war tief und machtig und wird sicherlich lange in der Erinnerung der Hörer nachtönen. In dieser Vollendung, namentlich was die Chöre betrifft, hatte noch Niemand, das gestanden sie Alle, selbst die Bewohner der ersten Musikstädte Europas, wie Wien, Berlin und Paris, diese beiden, die ungheuersten Schwie-

---

67 Übersetzung des Autors aus: Leaves from the Journal of Sir George Smart (by Bertram Cox and C.L.E. Cox), London and New York, 1907, S. 312.

68 Gemeint ist wohl ein Nachkomme Beethovens.

69 Zitiert nach Stephan Eisel, Das erste Bonner Beethovenfest 1845 aus Sicht der Besucherin Marie Ophoven, in: Bonner Beethoven-Studien (in Vorbereitung).

rigkeiten darbietenden Werke aufführen hören."[70]

Louis Spohr hielt in seinen Erinnerungen fest, *„daß dies Concert allein, verbunden mit dem Anblick der Festhalle, in welcher es Statt hatte, die Reise nach Bonn werth war."*[71]

Nach der Bonner Erstaufführung wurde Beethovens Neunte erst wieder beim 3. Bonner Beethovenfest 1894 aufgeführt. Beim 2. Beethovenfest 1871 war sie auf dem Programm nicht zu finden, stattdessen wurde aber die Chorfantasie op. 80 dargeboten. Beim 4. Beethovenfest 1927 kam die Neunte dann erneut zur Aufführung. Bei den jährlichen Beethovenfesten von 1931–1944 fehlte die Neunte nur viermal. Zweimal (1933 und 1935) wurde sie dabei vor ca. 20.000 Besuchern auf dem Bonner Marktplatz dargeboten.

Nach 1945 fand das Beethovenfest dann in zwei- bzw. dreijährigem Turnus statt und es bürgerte sich ein, die **Missa solemnis** im Wechsel mit der 9. Sinfonie auf das Programm zu setzen. Dieser Brauch setzte sich mit der jährlichen Wiederaufnahme des Beethovenfestes ab 1999 fort, wobei die Neunte 2007–2014 jährlich zur Aufführung kam. Dann gab es eine mehrjährige Unterbrechung bis 2021.

Allerdings ist zu beachten, dass die Neunte in Bonn nicht nur bei den Beethovenfesten gespielt wurde. Vor allem das 1907 gegründete städtische Orchester – seit 2003 unter dem Namen *„Beethoven Orchester Bonn"* – hatte die Komposition immer wieder auf dem Programm. Man kann deshalb mit Fug und Recht festhalten, dass Beethovens Meisterwerk, dessen Ursprung in Bonn liegt und das so viele Bonner Bezüge hat, letztlich auch in seiner Heimatstadt ein dauerhaftes Zuhause gefunden hat.

70 Heinrich Carl Breidenstein: Zur Jahresfeier der Inauguration des Beethoven-Monuments: Eine actenmässige Darstellung dieses Ereignisses, der Wahrheit zur Ehre und den Festgenossen zur Erinnerung; nebst einem Stahlstich des Monuments und dem Verzeichnis der Mitwirkenden, Bonn 1846, S. 12.

71 Louis Spohr´s Selbst-Biographie Band 1, Kassel/Göttingen S. 300.

Abbildung 22: Ludwig van Beethoven. -
Elfenbeinminiatur von Christian Horneman, Wien, 1802
Beethoven-Haus Bonn, Sammlung H. C. Bodmer, HCB Bi 1

BONN UND BEETHOVENS NINTH

This working translation is not a literal translation of the
German text, but a summary of its essential content.
Special thanks go to Maryse Houston, Rachel Manis
and Alan Mittleman for reviewing the English text.

The 9th Symphony op. 125 in D minor is probably Ludwig van Beethoven's best-known work. The setting of Friedrich Schiller's poem
An die Freude in the symphony's 4th movement has become a symbol of international understanding, freedom and human rights world-
wide, and not just as the European anthem. Many people around the
world can spontaneously sing along to Beethoven's melody.

Beethoven's Ninth is therefore often equated with Schiller's Ode. This
is also the case with this essay, although it does not do justice to the
complex masterpiece with its four movements.

Beethoven was not only born in Bonn, but also lived and worked here
for 22 years - longer than Mozart in Salzburg. In the spirit of the Enlightenment, he matured as a personality in Bonn, received his musical
training, gained important experience as an organist and orchestral
musician, developed into an exceptional pianist and made a name for
himself as a composer.

However, the Bonn roots of the Ninth are hardly known:

- It was in Bonn where Ludwig van Beethoven became acquainted
  with the poem with the opening line "*Freude, schöner Götterfunk-
  en*" by Friedrich Schiller. This was the beginning of his -lifelong admiration for the work of the poet, whom he never met in person.
- Around that time, Beethoven's friend in Bonn Bartholomäus Fischenich was closely connected to the Schillers in Jena. Just a few
  weeks after Beethoven's departure for Vienna, he wrote to Charlotte Schiller that Beethoven wanted to *work on Schiller's Joy,
  every verse of it.*
- The first - unfortunately lost - setting of the poem by the Bonn
  composer was probably written during his time in Bonn.
- The history of the creation of the famous melody from
  Beethoven's 9th Symphony also points to Bonn.
- It was also Ferdinand Ries from Bonn who commissioned Beet-

hoven to compose his 9th Symphony, first in 1817 and then a second time in 1822. He was the director of the *Philharmonic Society of London* at the time.

- One of the three performances of the as yet unprinted work, which Beethoven personally authorized, took place in Aachen on 23 May 1825 under the direction of Ferdinand Ries. This was also the first performance of the Ninth in Beethoven's Rhenish homeland.
- In his dedication request for the 9th Symphony to the Prussian King Friedrich Wilhelm III in 1826, Ludwig van Beethoven expressly described himself as a *citizen of Bonn* shortly before his death.
- Beethoven's 9th Symphony was finally performed for the first time in his hometown of Bonn on August 10, 1845 at the first Beethoven Festival on the occasion of the unveiling of the Beethoven Monument, in whose foundation stone the printed score of the work had been deposited shortly beforehand.

These Bonn roots and references of Beethoven's Ninth will be presented in detail below. This is not a detailed musicological analysis, especially as the literature on Beethoven's symphony is almost impossible to survey. Rather, the aim is to shine a generally understandable spotlight on an aspect of Beethoven's work that is often neglected in the Beethoven literature.

This is also an invitation to take a closer look at the fact that Beethoven's Viennese oeuvre cannot be understood without the years in Bonn. This publication follows on from the detailed study "Beethoven - The 22 Bonn Years", which the author published for the composer's 250th birthday in 2020. Interested readers will find detailed source material there with the relevant literature references.

How Schiller's poem "An die Freude"
came to Beethoven in Bonn

Friedrich Schiller was 25 years old when he wrote his poem *An die Freude* in the summer of 1785. Only three years earlier, his first play "The Robbers" had been successfully premiered in Mannheim. He then had to flee his home in Stuttgart in the Duchy of Württemberg in 1782.

After initially finding refuge in Thuringia, Schiller returned to Mannheim after a few months to take up a position as a playwright in September 1783. When this contract was not renewed after a year, Schiller's financial situation worsened.

Sometime before this, the Dresden senior consistorial councillor Christian Gottfried Körner, who was interested in literature and music, had already approached Schiller. Like his friend, the writer and journalist Ludwig Ferdinand Huber, he was in a relationship with one of the daughters of the Leipzig engraver Johann Michael Stock, who died young and had worked for the Breitkopf publishing house. However, the young men's fathers rejected the marriage as not befitting their status. Körner nevertheless married Minna Stock in 1785. Huber broke off the engagement with Dora Stock, who then joined the Körner family.

The two bridal couples were able to identify particularly with the dramatic depiction of a relationship in Schiller's *Kabale und Liebe* that is rejected by the fathers and subsequently ends in suicide. The play premiered in Frankfurt am Main in April 1784.

Körner wrote anonymously to Schiller on behalf of his friends in May 1784. *"To test whether I have understood you"*, he enclosed a song he had composed himself and ended his letter with the note: *"When I, although in a different subject than yours, will have shown that I also belong to the salt of the earth, then you should know my name. Now it can be of no use."*

This anonymous letter was brought to Schiller in Mannheim via a bookseller friend who had been at the Leipzig Fair. It was not until seven months later, on December 7, 1784, that Schiller thanked Huber effusively and then Körner in February 1785: *"Since your last letters, the thought has never left me: "These people belong to you, you belong to these people."*

In view of his own difficult situation, the poet invited himself to Körner. In April 1785, Schiller arrived in Saxony, where he lived until the summer of 1787, among others in Körner's vineyard in Loschwitz near Dresden and completed his drama *Don Carlos*. Schiller then enjoyed a lifelong friendship with Körner, who later edited the first complete edition of his works.

This is the background to the poem *An die Freude*, which Friedrich Schiller addressed to Körner in the summer of 1785 as a poetic declaration of friendship, who immediately set the text to music himself. On November 29, 1785, Schiller sent the text of his poem for printing to Georg Joachim Gröschen in Leipzig, the publisher of the magazine *Thalia*, which Schiller had just founded, for printing and noted: *"The poem an die Freude is beautifully composed by Körnern. If you think so, can we have the sheet music, which is only 1/2 page, engraved with it?"*

Göschen took up the suggestion enthusiastically and replied to Schiller on December 1, 1785: *"Send me, dear friend, the music by Körner to your Song of Joy soon. It must also be printed and I will do my part to ensure that it becomes a round song to lift the hearts of good people."*

An die Freude was then printed in the second issue of *Thalia* in February 1786, although without naming Schiller as the author. The text was also printed as a song with piano accompaniment for one voice and three-part choir in C major as a prebound leaf - marked only with "K." for Körner.

One of the copies of Schiller's poem also reached the Rhineland and was printed in full length and in the same version as in the *Thalia* in the *Freymaurer-Zeitung* from Neuwied on August 17, 1787. The Principality of Wied (until 1784 the County of Wied), which was not subject to the Electorate of Cologne and was located in the immediate vicinity of Bonn, was known at the time for it´s liberalism and freedom from censorship.

As in the first release in *Thalia* the *Freymaurer-Zeitung* also named no author of the poem. The following annotation was added to the text: *"Not knowing whether this beautiful song, which a friend shared with us, is available somewhere, we have had it printed here and hope that our readers will thank us for it. The liberties the poet has taken in it will not offend anyone, not even the strictest Orthodox. - As soon as we can obtain the music for it, we will deliver it to our dear public, and compensate the publisher of this poem, possibly be found, to the best of our ability: as is right and just."*

Three months later, in the last issue of the *Freymaurer-Zeitung* of October 15, 1787, the supposed denouement followed: *"Here is also the promised music to the Lied an die Freude: the Germans owe the text and composition to the author of the German Chronicle, the good Schubart."*

This is followed by a sheet with three accolades, i.e. related staves, each for voices with piano accompaniment. This is a reproduction of the Körner setting, although it differs in its presentation from the print in the *Thalia*, which includes four staves.

The text underlying the music is identical to the poem printed in the *Freymaurer-Zeitung* in August – albeit with a small difference at the beginning of the text: instead of "Freude [Joy] schöner *Götterfunken*" in the *Thalia* version, it now reads *"Freunde [Friends] schöner Götterfunken"*. This is presumably an unintentional transcription error.

The Neuwieder *Freymaurer-Zeitung*, which could be subscribed to throughout Germany, appeared in 79 issues between December 1786 and October 1787. A key figure among the four editors was Dietrich Wilhelm Andreä from Erfurt. He came to Neuwied at the end of 1785 as a government assistant and became a teacher there. As early as 1782, he belonged to the Illuminati and also became a member of the local Masonic lodge *Caroline zu den drei Pfauen* to which Beethoven's teacher Christian Gottlob Neefe also belonged.

The publisher of the *Freymaurer-Zeitung* was Louis-François Mettra, who ran a print shop and publishing house in Neuwied from 1784/85, where, among other things, Voltaire's writings, which were banned at the time, were published. Johann Ludwig Gehra, who also belonged to the lodge *Caroline zu den drei Pfauen* and was later a visitor to the Bonn Reading Society, although not a member, is also sometimes mentioned as a publisher. Gehra was also the publisher of the 2nd edition of the setting of Friedrich Gottlieb Klopstock's odes by Beethoven's teacher Neefe.

The Saxon Christian Gottlob Neefe was a widely known and recognized composer and was already listed as music director of the new Bonn theater in 1781. Although a Calvinist, he became court organist at the Bonn court of the Catholic Elector and Archbishop of Cologne in 1782. The young Ludwig van Beethoven became his student because his father Johann realized early on that Ludwig could no longer learn from him. Neefe immediately appointed the 11-year-old Beethoven as his deputy in organ duties.

But Neefe was not only important for Beethoven's musical development; as a committed supporter of the Enlightenment, he also influenced the young musician's intellectual development. He not only wrote a wide variety of works, but was also active in the Illuminati, in Masonic lodges and was a co-founder of the enlightened Bonn Reading Society. He was certainly just as interested in the content of the *Freymaurer-Zeitung* as he must have been fascinated by the poem at its setting into music, both attributed to Schubart. There is every indication that this is how he confronted his student Beethoven with the content and setting of *An die Freude*.

Christian Friedrich Daniel Schubart was erroneously named in the *Freymaurer-Zeitung* as the librettist and composer of the setting of Schiller's poem. He was born in Aalen as the son of a vicar and was appointed organist and music director at the Württemberg court in Ludwigsburg in 1769. Because of his increasing criticism of the aristocracy and clergy, Duke Carl Eugen von Württemberg, who later also expelled Schiller, expelled him from the country.

In Augsburg, Schubart then founded the journal *Teutsche Chronik* in 1774, which polemicized against Jesuits in particular. After being banned in Augsburg, he continued this work a year later in Ulm. Again and again he sharply criticized, among others, the Württemberg Duke. In 1777, he was lured into an ambush on the Duke's orders and imprisoned in Hohenasperg Fortress for ten years without trial.

Schubart soon became the best-known victim of absolutist arbitrary in Germany. In prison, he was also visited by Friedrich Schiller in 1781. Despite numerous intercessions, including from prominent friends, he was not released until 1787 and was then even appointed director of music and theater at the ducal court in Stuttgart.

In 1787, in his last year of his imprisonment, Schubart composed and set the *Kaplied* to music. It is a sharp protest against the fact that Duke Carl Eugen had sent a mercenary army of country children to the Cape of Good Hope on the basis of a contract with the Dutch East India Company. In 1790 or 1791, Beethoven gave his friend Franz Gerhard Wegeler in Bonn a sheet which also contained a piano transcription of this *Kaplied*.

The fact that Schubart's ideas on the aesthetics of musical art, published in 1806, were in Beethoven's reference library also shows that Beethoven respected the music writer and composer.

The fact that the setting of Schiller's poem was mistakenly attributed to Schubart in the *Freymaurer-Zeitung* from Neuwied must have aroused

Beethoven's particular interest. Schubart had apparently visited Bonn before he was imprisoned in a fortress for ten years in 1777. He was regarded as one of the best piano players of the time. Johann Wolfgang von Goethe noted in 1787 that he was *"considered unsurpassable"* at the time.

Goethe wrote his acknowledgment at the very time when Schubart's supposed Schiller setting was printed in Neuwied. Friedrich Schiller, who had visited Schubart in prison in 1781, had also heard of the alleged Schubart setting of his poem, as he wrote to Gottfried Körner on December 19, 1787: *"There is also a composition of my joy by Schubart, which I can have copied for you if you want it."*

Apparently, however, Schiller did not have the notes of the supposed Schubart composition, as otherwise he would probably have noticed that it was the setting by Koerner, which he had sent to the publisher of *Thalia* the previous year. Incidentally, Schubart also set Schiller's *An die Freude* to music later, in 1789. However, this composition has not survived.

How Schiller influenced Beethoven in Bonn

Even though Beethoven was probably unable to attribute the poem *"An die Freude* to Schiller at the time, the poet's works were so present in Bonn that they would hardly have escaped the young musician's attention.

The attention was probably triggered above all by the great resonance that Schiller caused with his drama *The Robbers*. Incidentally, he was inspired by the story *To the History of the Human Heart*, which Christian Friedrich Daniel Schubart had written in 1775. As he was unable to find a publisher, Schiller initially self-published the text anonymously in June 1781. But as early as October, Thuringian newspapers revealed his authorship.

Schiller's work is about the rival brothers Karl and Franz Moor: one was the freedom-loving leader of a band of robbers favored by his princely father, the other fought jealously for his father's inheritance. With this confrontation, Schiller openly criticized the prevailing feudal system and wrote a fiery plea for the freedom of the individual.

Schiller had deliberately set the plot in the present (*"The place of the story is Germany, the time about two years"). But for the Mannheim premiere on January 13, 1782, he had to accept that the stage version was brought forward 300 years compared to the printed version, thus seemingly toning down the plot. Nevertheless, the effect was enormous.

At the premiere, 1,200 visitors from all over the region flocked *"to see this notorious play, which had gained extraordinary publicity, performed by artists who gave even insignificant roles with deceptive truth"*. This is how Schiller's schoolmate Andreas Streicher later recalled it. He had secretly attended the performance in Mannheim with Schiller, then fled Württemberg with him and later worked as a piano maker in Vienna, where he also met Beethoven.

Streicher also described how Schiller suddenly became famous due to the overwhelming success of the drama: *"But the poet's fame was not limited to his fatherland. The whole of Germany resounded with admiration and astonishment that a young man was opening his career with a work with which others would be happy to conclude theirs."*

The Robbers was staged in Bonn in the 1782/83 season, just one year after its premiere in Mannheim. On July 20, 1783, the Bonn Court Theatre even staged the world premiere of Schiller's second drama *Fiesco's Conspiracy at Genoa*, which focuses on the struggle to preserve the Republic of Genoa against tyrannical ambitions.

At the time there was a special connection between Schiller and Bonn. As early as November 1778, Count Belderbusch, to whom Elector Maximilian Friedrich had left practically all government affairs, had entrusted the actor and director Gustav Friedrich Wilhelm Großmann with the management of the new National Theater in Bonn. Großmann, who worked on stages all over Germany, was a friend of Gottfried Ephraim Lessing and was supported by Goethe's mother in Frankfurt, for example. It was also he who hired Christian Gottlob Neefe as music director in Bonn a year later. Both came from the disintegrating Saxonian Seyler theater company, which had performed in Bonn.

Großmann had heard about the new Schiller play from the publisher and Schiller patron Christian Friedrich Schwan, who had already published *The Robbers*. With the quick premiere in Bonn, he also helped Schiller with his financial problems. Thus began a lasting friendship between the two. Schiller's *Intrigue and Love* was also staged in Bonn in the same year after its Frankfurt premiere on April 13, 1784.

Großmann had already brought the play to Bonn in March.

Schiller's works were also regularly on sale in Bonn bookshops and advertised in the press. They therefore played an important role on and off the stage in Bonn, which could hardly gone unnoticed by the growing Beethoven. Around 1785, the young musician also came into closer contact with the von Breuning family. After the death of his own mother in 1787, the widow Helene von Breuning and her four children, who were almost the same age as Beethoven, had become a kind of surrogate family for him.

This new environment broadened Beethoven's horizons, as he was able to take part in home schooling for the Breuning children. His friend Franz Gerhard Wegeler later recalled: *"Ludwig received his first acquaintance with German literature, especially with poets, as well as his first education for social life in the midst of the Breuning family in Bonn."* This educational aspiration also corresponded to Beethoven's self-image. Around 1816/17, he wrote to the music writer Franz Sales Kandler that it was *"the duty of every composer to know all older and newer poets"*.

The presence of Schiller's works in Bonn can also be seen in the entries from friends in an album (the so-called *"Stammbuch"*), which was given to Beethoven by friends on his departure from Bonn at the beginning of November 1792. There are 15 entries on 18 sheets, which reflect the intellectual environment of Beethoven and his friends.

Eight entries used quotations from prominent authors, all of whom were associated with the Enlightenment: Schiller is quoted most frequently, with three entries. The entries use quotations without naming the respective authors, as the friends evidently assume that Beethoven can attribute them because the quoted material was part of their common reading.

It is noteworthy that both the widowed landlady of Beethoven's favorite pub "Zehrgarten", Anna Marie (*"Wittib"*) Koch, and her son drew on Schiller's drama *Don Carlos*, published in 1787. The widow's brother, Jakob Klemmer, also joined in his entry with another quote from the same scene from Don Carlos. Shortly after his arrival in Vienna on May 22, 1793, Beethoven himself used a Schiller quotation, again from *Don Carlos*, on a sheet for Theodora Johanna Vocke, a pastor's daughter from the area around Ansbach. It comes from the second act, where Don Carlos implores the king with the words:

"I am not bad ... - hot blood
is my malice - my crime, youth.
I am not bad, not bad at all; although often
wild surges sue my heart,
My heart is good. -"

Beethoven added his own motto to this quotation:

"Do good whereever you can
Love freedom above all else,
never deny your truth, even at the throne
Also think of your adoring friend from time to time

Ludwig Beethoven
Vienna, May 22, 1793. from Bonn in Cologne"

The addition not only demonstrates Beethoven's knowledge of the context of the Schiller quotation - Don Carlos tries to get past the court to his father - but is also, expressed in the greeting line, a commitment to his hometown of Bonn.

Beethoven also used Schiller's **Don Carlos** for the entry in an album of his Bonn friend Lorenz von Breuning during his stay in Vienna on October 1, 1797. He copied verbatim what Matthias Koch had written in his family book in 1792, apparently also knowing the complete Schiller text, and added a personal dedication to Lorenz von Breuning:

"The truth is there for the wise,
beauty for a feeling heart.
They belong to each other.

dear good Breuning, I will never forget both the the time I spent in Bonn, as well as here with you, keep me in your friendship, as you will always find the same in me.

Your true friend l. v. Beethowen
Vienna, 1797 ten october

Around 1819, Ludwig van Beethoven also copied out a number of "sayings" from Schiller's essay *Die Sendung Moses*, which appeared in the 10th issue of *Thalia* in 1790, in his own hand. Behind glass on the composer's desk were in his handwritten inscriptions of what the poet quotes from old Egyptian sources. Schiller's essay was published in Beethoven's Bonn years, but it is also possible that the composer came across the text in one of Anton Doll's Vienna commission editions in 1810 or 1817.

Beethoven expressed his appreciation of Friedrich Schiller in many other ways. When, under the new management of the Viennese entrepreneur Joseph Hartl von Luchsenstein, the idea of having music composed to accompany plays by Goethe and Schiller emerged at the Viennese court theaters in 1808/09, Beethoven's preference was Schiller.

On August 8, 1809, Beethoven asked the publisher Breitkopf & Härtel for *"an edition of Göthe's and Schiller's complete works"* and added *"the two poets are my favorite poets"*. From a compositional perspective, he saw clear differences between the two poets and said to his pupil Carl Czerny in 1811: *"Schiller's poems are extremely difficult for music. The composer must know how to rise far above the poet. Who can do that with Schiller? Göthe is easier."*

Twelve years later, when the London merchant Johann Reinhold Schultz visited Beethoven in Baden on September 28, 1823, he wrote in his detailed report *A Day with Beethoven* for the journal *Harmonicon* (January 1824) about the composer: *"of the native poets, he studies Schiller and Goethe in preference to any other"*.

A little later, on January 23, 1824, Beethoven wrote to the Vice President of the *Gesellschaft der Musikfreunde* in Vienna, Raphael Georg Kiesewetter: *"... but as far as I am concerned, I would rather set Homer, Klopstock and Schiller to music myself, at least if one has to overcome difficulties, these immortal poets deserve it"*.

In January 1827, the terminally ill Beethoven was asked by Gerhard von Breuning, son of his close companion Stephan von Breuning, apparently in the hope that this would bring relief to the sick composer: *"Do you perhaps want to read Schiller?"*

Friedrich Schiller and his work had therefore had a great influence on Ludwig van Beethoven since the Bonn years. The direct contact that Beethoven's friend Bartholomäus Fischenich was able to establish with the poet in 1791/92 must also be seen against this background.

How Fischenich, a friend of Beethoven,
became Schiller's messenger in Bonn

Bartholomäus Fischenich was the son of the sexton of Remigius Church, Konrad Fischenich, and his wife Anna Maria, née Löltgen. He was baptized on 2 August 1768 and was therefore almost the same age as Beethoven. The family lived in the immediate vicinity of the church, which was also the parish church of Beethoven´s family. His uncle Ferdinand Löltgen was the chaplain there.

Bartholomäus Fischenich therefore grew up in the same environment as Beethoven and was probably already one of his friends as a child and teenager. Like Ludwig van Beethoven, he attended one of Bonn's elementary schools and then the grammar school from 1778-81. He lost his father and mother at an early age - in 1779 and 1781 respectively. His uncle, the chaplain, took over the guardianship.

With a scholarship from a noble family foundation in Cologne, Fischenich was able to attend the Montanergymnasium there from 1782-1784. On January 27, 1785, he began studying philosophy at the Faculty of Arts at Cologne University, graduating with a master's degree in September 1786. He then began studying law in Cologne, which he continued in Bonn from the fall of 1787. The reason for the change of location was probably an electoral decree that one had to have studied in Bonn in order to obtain a civil servant position at court.

Back in his home town, Fischenich - like Beethoven - soon joined the circle of friends who met regularly at the "Zehrgarten" restaurant on Bonn's market square. In 1790/91, he was appointed lay judge at the court in Bonn and also caught the eye of Elector Max Franz due to his talent. He appointed him professor of natural and international law at the University of Bonn, but required the 22-year-old – similar to Beethoven - to first continue his education outside Bonn.

Fischenich chose Jena. The natural law expert Gottfried Hufeland taught there, whose 1785 essay on the principle of natural law referred to the philosophy of Immanuel Kant and was widely praised. Friedrich Schiller had also taken up an extraordinary professorship of philosophy in Jena in 1789 amid great public attention. As this also improved his financial circumstances, Schiller was able to marry Charlotte von Lengefeld, whom he had courted, on February 22, 1790.

Through Charlotte's childhood friend, the law student Fritz von Stein, who as an adolescent had first moved into a room with Goethe in Weimar and then with the Schillers in Jena, Bartholomäus Fischenich became part of the daily table community at Schiller's house soon after his arrival in Jena in the summer of 1791. He was highly valued by the poet as a conversation partner, particularly because of his philosophical interests and his exceptional knowledge of Kant's philosophy.

After a year of study in Jena, Fischenich set off on his return journey to Bonn in the first half of October. On the way, he wrote to Charlotte Schiller on October 13th that he would arrive in Bonn two days later. He thus met Beethoven in Bonn before the musician left on November 2nd for Vienna. On his return to his home town, Fischenich took up his professorship with great success among the students.

Bartholomäus Fischenich remained closely associated with the Schillers. This is evidenced by an intensive correspondence, which he continued with Charlotte Schiller after Friedrich Schiller's death in 1805 until her death on July 9, 1826.

At the same time, special ties developed between the Schiller family and the Rhineland. When Fischenich was transferred to Berlin in 1819, Ernst von Schiller, the poet's second son, who was born in Jena in 1796, came to Cologne as an assessor at the district court. In 1823 in Bonn, he married the wealthy Maria Magdalena von Pfingsten, widowed Mastiaux, fourteen years his senior, who brought her daughter Therese into the childless marriage.

Through this marriage, Ernst von Schiller was connected to one of the leading families in the Bonn area, which also had connections to Beethoven. His wife was not only the sister of the mayor of Vilich, Gabriel von Pfingsten, but her first marriagesimce 1808 was to Kaspar Anton Joseph Maria von Mastiaux.

Her late husband's father, Court Councillor Johannes Gottfried von Mastiaux, was a particular focal point of musical life during Beethoven's years in Bonn. He had reserved one of the 20 rooms in his house as a music room and owned the scores of 80 symphonies, 40 trios and 30 quartets by Haydn alone, as well as more than 50 piano concertos by various composers. He owned seven pianos and numerous string instruments.

With his five talented children Max, Kaspar Anton Johannes Nepomuk, Kaspar Anton Joseph Maria, Joseph and Amalia - as Neefe wrote, *"all played the piano, partly violin, viola and violoncello"* - Mastiaux regularly practiced music at home.

Amalia probably also received piano lessons from Beethoven. It is safe to assume that all five children played music with the young Beethoven. The Mastiaux widow, who married Ernst von Schiller, is likely to have passed on the memories of her first husband, especially as Beethoven was becoming increasingly prominent at the time.

In 1824, Ernst von Schiller became an assessor at the Court of Appeal in Cologne, and in 1828 a district court judge in Trier. He maintained good contacts in Berlin, including with Crown Prince Friedrich Wilhelm IV, and was appointed to the Rhenish Court of Appeal in Cologne in 1835. Most recently, he held the office of state procurator in Bonn.

Like his famous father, Ernst von Schiller died of pulmonary tuberculosis in Vilich near Bonn on May 19, 1841 at the age of less than 45. A street in the Bonn district of Vilich is named after him. He was buried in his mother's grave in the Old Cemetery in Bonn. Charlotte von Schiller had traveled to Bonn to visit her son in the autumn of 1825 to undergo an eye operation. Shortly afterwards, she suffered a stroke and died on July 9, 1826. Two days later, she was buried in the Old Cemetery in Bonn. Charlotte von Schiller had already visited her son in Bonn for four days in 1821.

Friedrich Schiller had already written to Fischenich on February 11, 1793: *"I often miss it with sorrow that the beautiful name Bonn no longer resounds in my room."* Charlotte von Schiller had also contacted Fischenich immediately after his departure from Jena. It was in this context that the passages in the correspondence between the two in January / February 1793, which referred to Beethoven without mentioning his name, were written.

During his stay in Jena, Fischenich had met the young poet Sophie Schubart, who was supported by Friedrich Schiller. Fischenich probably brought the poem *Feuerfarb'*, which she had written in 1792, back to Bonn from Jena and inspired Beethoven to set it to music. In any case, it was only published anonymously in the August 1792 issue of the *Journal des Luxus und der Moden*. The poem was only signed there with *"Sophie"* and the editors added the following note: *"We hereby offer our public thanks to the unknown author and gracious sender of this extremely kind and lovely bouquet, and hope that it will please her to make herself better known to us."*

In the liberal spirit of the Enlightenment, the text describes that all colors are transient and that only the *"Color of Truth"* remains eternal and does not change. Although Beethoven completed his setting in 1792, it was not published until 1805 as op. 52 no. 2. For the third and last verse, Beethoven used the revised version of the text that had appeared in 1800 and also named Sophie Mereau as the author. In 1793, Sophie Schubart had married the Jena law professor Friedrich Ernst Carl Mereau, whom she had apparently met through Schiller. She became known as a writer under the name Mereau, but divorced her husband in 1801 after an unhappy marriage and married the writer Clemens Brentano in 1804.

It can be assumed that Charlotte Schiller also knew the poem and that Fischenich therefore only needed to mention the title in his letter of January 26, 1793, when he sent Beethoven's setting to Jena. The abbreviation *"Schillers Freude"* in Fischenich's letter also indicates that he was certain that the addressee Charlotte Schiller knew that he referred to the the poem *An die Freude* that was written by her husband. In any case, on January 26, 1793 - a few weeks after Beethoven's departure for Vienna - Fischenich wrote to Friedrich Schiller's wife Charlotte: *"I am enclosing a setting of the poem "Feuerfarbe" and would like to hear your opinion of it. It is by a local young man whose musical talents are generally praised and whom the Elector has now sent to Vienna to Haydn. He will also arrange Schiller's 'Freude', namely every verse. I expect something perfect, because as far as I know him, he is all for the great and sublime."*

With regard to the enclosed composition *Feuerfarb'* Fischenich added about Beethoven: *"Otherwise he does not indulge in such trifles as the enclosure, which he only produced at the request of a lady."*

The *"enclosed"* setting of the *Feuerfarb'* by Beethoven, which Fischenich expressly mentions, must have been a copy, as Beethoven still had the original when he sent a copy to the publisher Ferdinand Ries for publication on October 7, 1803.

The letter from Fischenich to Charlotte Schiller has been preserved, but unfortunately without the enclosed enclosure. It can be assumed with almost certainty that Charlotte Schiller showed her husband the Bonn composition, so that Friedrich Schiller probably held in his hand an autograph written by Beethoven himself. The composer's name was probably also noted on this copy, so that the Schillers must have known Beethoven's name in this context at the latest - if not already through stories told by Fischenich during his stay in Jena.

On February 11, 1793, Charlotte Schiller replied to Fischenich: *"The composition of the Feuerfarbe is very good; I have high hopes of the artist and am pleased that he is composing die Freude."* Charlotte very probably informed her husband of Beethoven's intention to set his lines to music again.

Conversely, Beethoven certainly learned from Fischenich who the actual author of the poem attributed to Schubart in the *Freymaurer-Zeitung* was. This is all the more true as Fischenich had visited Körner in April 1792 during his short study visit to Leipzig together with Schiller, who had been the first to set Schiller's poem to music.

It would have been surprising if Körner's composition had not also been discussed on this occasion, especially as they also met the *Thalia* publisher Georg Joachim Göschen. It is therefore quite possible that Fischenich brought the *Thalia* edition with him to Bonn, in which Schiller's poem and Körner's setting were printed for the first time.

In any case, this is more likely than the possibility that Beethoven would have come across one of the few prints published before Fischenich's return to Bonn in which Schiller was explicitly named as the author of the poem for the first time. These were small editions, mostly self-published for use in Masonic lodges or for a limited number of subscribers.

In December 1/85 - before the poem and the Körner setting had even appeared in print - a setting by Johann Christian Müller had been created in Leipzig. Schiller found out about it because Johann Friedrich Kunze, a mutual acquaintance from Körner's circle of friends, wrote to him: *"I have played a stupid prank and read your poem to as many people as I have ever seen. That's why it already exists at least 10 times in copies, and Müller has already composed it. ... Müller is sending you his composition, which he would like to see printed in the Thalia."* Schiller did not take up this suggestion. Müller's setting was then printed by the publishing house Breitkopf. The *Allgemeine Deutsche Bibliothek* reports on this in its 1788 publication overview: *"Friedrich Schiller's Ode to Joy, set to music and dedicated to the just and perfect Lodge of the Three Flemings in Görlitz by Johann Christian Müller, Leipzig by Breitkopf 1786. fol. Without title and text, 2 pages"* and adds as a devastating verdict: *"What should one say in a review about 16 bars with impure harp basses, about which the author has forgotten the completely soothing tone ending."* Incidentally, this is the first time that the term "Ode" is used for the Schiller poem.

The Dresden court conductor Johann Gottlieb Naumann apparently also set the "Ode" to music early on, as Schiller wrote to Körner on January 5, 1787: *"Wagner played Naumann's music to my delight ... In general, I think you or whoever criticized the composition did too much for him. I like your chorus much better than his".*

On December 17, 1788, the **Musikalische Real-Zeitung** mentioned another composition: *"An die Freude. A round song by Schiller. Set to music by Ge. Wilh. Gruber, bandmaster5. Nuremberg at the composer's expense".* The Fifth Song Collection with Piano Melodies was also printed in Memmingen in 1790. Set to music by Christoph Rheineck was also self-published in Memmingen with a setting of the Schiller poem and the author's name. This also applies to the collection *Scherz und Ernst in XII Lieder* (Dresden 1789) by Friedrich Franz Hurka.

In Stuttgart, a Schiller setting by Johann Rudolf Zumsteeg, who had been friends with the poet since his school days in Stuttgart, appeared in 1790 in the collection **Musikalischer Potpourri**. In the same year, *A Songbook for Friends of Singing* by the Swabian Evangelical-Lutheran pastor Samuel Baur was published in Ulm in 1790. The poem *An die Freude* is printed in the *"Gesellschaftslieder"* section and Schiller is named as the *"poet"* in the index. Baur names himself as the *"composer"*, but the sheet music has not been preserved.

In the same year, a print was published in Hamburg (*"available in all newspaper stores"*) with an explicit attribution of the poem to Schiller. This print also evidently took the setting from the journal **Thalia** (*"An die Freude (Melodie von K***)"*). At the beginning of 1791, a setting of *Friedrich Schiller's Ode an die Freude with music by Johann Abraham Peter Schulz* was printed in Berlin. Schulz, who wrote the well-known melodies for *Der Mond ist aufgegangen* and *Ihr Kinderlein kommet*, expressly denied authorship in a statement in the **Musikalische Korrespondenz der teutschen Filharmonischen Gesellschaft zu Speier** on April 13, 1791.

These early settings show how stimulating Schiller's text was for composers from the very beginning. In this respect, Beethoven's interest in setting the poem to music is not unusual. It stands to reason that the young Bonn composer's interest was already aroused when he saw the setting attributed to Schubart. However, Beethoven's admiration for Schiller certainly influenced his intention to set the poem to music when Schiller became known to him as the author. As Schiller's messenger in Bonn, Fischenich certainly played an important role in this. Incidentally, Bartholomäus Fischenich was baptized in Bonn with the middle name *"Franziskus"*. Nevertheless, after his death, *"Ludwig"* became established as his middle name. This first appeared for no apparent reason in an obituary in the *Bonner Wochenblatt* on June 12, 1831. In contrast to the obituary for Fischenich in the *Allgemeine Preußische Staatszeitung* of June 8, 1831, which was reprinted word for word in the *Kölnischen Zeitung* of June 12, the *Bonner Wochenblatt* also mentions Fischenich's time in Jena and Friedrich Schiller, *"with whom he lived in the same house and had the most intimate relationship."* Perhaps the author of the obituary with the invented middle name *"Ludwig"* also wanted to give a special hint of the connection between the Bonn lawyer, who died in Berlin, and the Bonn composer.

How the melody of the ode could have originated in Bonn

It remains unclear exactly when Ludwig van Beethoven implemented the intention of setting Schiller´s poem to music, which Bartholomäus Fischenich in his letter from Bonn had conveyed to Charlotte Schiller. However, Beethoven's own version of the *Ode an die Freude* as a song probably existed early on.

This conclusion can be drawn from a letter that Ferdinand Ries wrote on Beethoven's behalf to the publisher Nikolaus Simrock on September 13, 1803. It reads: *"You can now also buy 8 songs by Beethoven and a prelude, which he gave to his youngest brother for some favors he has shown him. He is asking 200 Thlr., the text is as follows: No. 1 Feuerfarb 2 Die Ruhe 3 Maigesang. 4 Der freie Mann 5 Von der Liebe 6 Marmotte 7 An die Freude 8 Das Blümchen Wunderhold. He composed it 4 years ago. I wish to have an answer to this soon."*

According to this, these piano songs were composed around 1799. However, at least three songs (*Feuerfarb', Die Liebe, Der freie Mann*) can be assigned to the Bonn period. It is therefore not entirely impossible that Beethoven had already begun the composition that Fischenich had announced to Charlotte Schiller in Bonn.

Six of the songs mentioned appeared in 1805 in *Eight songs by different authors for voice and piano* op. 52. The song *Der freie Mann* for voice, one-part choir and piano WoO 117, which is not included in this collection, was published by Simrock in 1808. However, the setting of *An die Freude*, of all things, has been lost.

From the mid-1790s in particular – that is after Fischenich's message to Charlotte Schiller - a flood of settings of Schiller's Ode set in, which, in contrast to the first musical adaptations of the text mentioned above, also found wider distribution. From today's perspective, the most prominent composer was the 17-year-old Franz Schubert in 1815.

However, on April 22, 1818, the *Allgemeine Musikalische Zeitung* issued a scathing verdict: *"Schiller's magnificent Song of Joy has prompted countless compositions since its first appearance (even printed ones have been compiled into entire collections!) and not even one has satisfied."* To date, Schiller's poem has been set to music more than 100 times

Just how popular *An die Freude* was even then can be seen from the fact that Wilhelm von Humboldt wrote to Schiller on August 4, 1795: *"In the Camera obscura of Berlin (a vile weekly) your song to joy is parodied and put into the mouths of the most famous prostitutes. We embrace millions, our kiss to the whole world shall, we are assured, go down very well."*

In a letter to Gottfried Körner on October 21, 1800, Friedrich Schiller had already distanced himself from his poem: *"Joy, on the other hand, is, in my current feeling, completely flawed, and even if it commends itself through a certain fire of emotion, it is still a bad poem and describes a level of education that I had to leave behind in order to produce something decent. But because it suited a faulty taste of the time, it has received the honor of becoming to some extent a popular poem. Your inclination towards this poem may be based on the occasion it was written for; but this also gives it the only value it has, and only for us and not for the world nor for poetry."*

While Beethoven's encounter with Schiller's poem can be clearly traced to the Bonn period, it is not clear whether the melody of the Ode *An die Freude* in the fourth movement of the 9th Symphony could also have Bonn origins.

This question is not only obvious because of the unknown melody of the lost song setting, but there is also a concrete indication of a possible Bonn origin: Beethoven's melody for Schiller's Ode has early ancestors, which he hardly changed.

The melody can be found almost unchanged as a defining motif in the *Fantasia for piano, choir and orchestra* op. 80, which was premiered in 1808. This composition by Beethoven was long underestimated until it was recognized as a precursor to the final chorus of his 9th Symphony. Beethoven had composed the work, which combines features of a piano fantasia, a piano concerto and a cantata, immediately before its premiere as the final piece of his great academy on 22 December 1808 at the Theater an der Wien. Incidentally, this academy was the last time Beethoven was seen on the big stage as a piano virtuoso.

The dominant melody of the Choral Fantasy, which was hardly changed in the Ninth, comes from the song for voice and piano *Gegenliebe* (together with *Seufzer eines Ungeliebten* WoO 118), which Beethoven had already composed in 1794, but it may well have Bonn origins.

With *Gegenliebe*, Beethoven set to music a poem by Gottfried August Bürger, which was written around 1774 and published in 1778. The fact that it had already been set to music by Joseph Haydn in 1783 must not have escaped Beethoven's notice. Neefe probably also introduced his student Beethoven to Bürger's poems, which were used as popular song material by more than 180 composers at the time. Before his time in Bonn, Beethoven's teacher had written a whole series of Bürger's poems himself. Neefe's teacher Johann Adam Hiller had even set a text by Bürger to music as early as 1773 with the *Minnelied.*

The fact that Beethoven knew Bürger's poems well is also shown by his dedication to Jeanette d'Honrath, for whom the young composer had romantic feelings during his years in Bonn

"A full heart makes little sound;
The empty sounds from all tones
Yet one feels its urge;
And ah! understands its silent longing.

Bürger

To ever greater friendship recommends himself
Ludwig van Beethoven
Court musician in Bonn."

The young composer thus quoted the second half of the 14th stanza of Bürger's poem *Die beiden Liebenden*, published in 1778, which has a total of 19 stanzas, naming the poet.

In addition to *Gegenliebe*, Beethoven also set the poems *Molly's Abschied* and Das *Blümchen Wunderhold* by Gottfried August Bürger to music and published them in the *Acht Lieder verschiedener Verfasser für Singstimme und Klavier* op. 52. Their date of origin cannot be proven with certainty either. However, it cannot be ruled out that these Bürger texts and *Gegenliebe*, which had already been completed, were part of the material that Beethoven brought with him from Bonn to Vienna.

In addition to Beethoven's proven encounter with the Schiller poem in Bonn, it is therefore quite possible that Beethoven's most famous composition also had its musical beginnings in his Rhenish homeland. From this pont of view in the fourth movement of the Ninth in Vienna, he would have brought together in text and music what had already occupied him in Bonn, but was still unconnected there.

How Ferdinand Ries from Bonn became the commissioner of the Ninth Symphony

Ludwig van Beethoven received the commission to compose a 9th (and 10th) symphony from Ferdinand Ries from Bonn, who was one of the directors of the *Philharmonic Society of London* at the time.

The Ries family was an influential musical dynasty during Beethoven's years in Bonn. Johann Ries, the "partriach" of the family, was already a member of the court orchestra in 1747 as a trumpeter and from 1754 as a violinist. This made him a colleague of Beethoven's grandfather.

Two of Johann Ries' four children also became members of the court orchestra: Johann's eldest daughter Anna Maria (married name Drewer), born in 1745, was a much-praised singer, while his son Franz Anton, born in 1755, was considered a child prodigy and was officially accepted into the court orchestra as a violinist in 1774. He was a member of the orchestra - in the 1790s as concertmaster and music director - until its dissolution in 1794. Both were therefore colleagues of Ludwig van Beethoven.

For some time Franz Anton Ries gave Beethoven violin lessons and was his fatherly friend. He supported him after the death of his mother and, when Beethoven was already in Vienna, transferred the young musicians salary in order to provide for the younger Beethoven brothers. It was from him that Beethoven learned in Vienna of the death of his father, who had become addicted to alcohol. Ludwig van Beethoven revered Franz Anton Ries throughout his life. In 1845, at the ripe old age of 90, he was even able to witness the unveiling of the Beethoven monument on Bonn's Münsterplatz.

During the French occupation of Bonn from 1794 and the associated dissolution of the court orchestra, Franz Anton Ries worked as a farmer and tax collector in Godesberg for a time before he was able to work as a music teacher again. Three of his eleven children also became musicians. The best known is Ferdinand, born in 1784, who was later a student and assistant to Beethoven in Vienna and then became a celebrated pianist, conductor and composer throughout Europe. His brother Hubert later became concertmaster in Berlin and another brother, Joseph Franz, was a piano maker in Vienna.

Ferdinand Ries was only eight years old when Beethoven left Bonn. The dissolution of the court orchestra following the French occupation of Bonn made it impossible for him to pursue a career as a court musician. Together with his father, he initially struggled to make ends meet in Bonn. In 1798, he went to Arnsberg in the Sauerland region, where the Cologne cathedral chapter had also fled to, to continue his training with an organist who was a friend of his father.

Apparently, Franz Anton Ries asked Beethoven to help his son in Vienna during this time. In any case, Beethoven wrote to his Bonn friend Franz Gerhard Wegeler on June 29, 1801: *"About Rieß, whom I greet warmly as far as his son is concerned, I want to write to you in more detail, although I believe that Paris is better than Vienna for his happiness. Vien is swamped with people, and even the better earners find it hard to keep going - I'll see what I can do for him until the fall or winter, because everything will be rushing back to the city then. "*

In the meantime, Ferdinand Ries had traveled to Munich, where he also worked as a music copyist. Exactly when he left for Vienna is not entirely clear. In any case, he had two letters of recommendation in his luggage. One was from the Munich court conductor Carl Cannabich and was addressed to the composer, pianist and later piano maker

Andreas Streicher - Schiller's school friend - in Vienna, whom Cannabich knew from their years together in Munich.

Ferdinand Ries had brought a letter of recommendation from his father for Beethoven. He later recalled: Beethoven *"read through the letter and said: 'I cannot answer your father now; but write to him that I have not forgotten how my mother died; he will be satisfied with that'."* With this reminder of the help he himself had received from Franz Anton Ries in Bonn, Ludwig van Beethoven now took care of his son in Vienna.

Ferdinand Ries was not only Beethoven's student, but soon became his assistant. The fact that he was able to make his debut with Beethoven's Piano Concerto No. 3 op. 37 in the summer of 1804 filled him with particular pride. This concerto was a resounding success for the nineteen-year-old, which made even more of an impression because according to the *Zeitung für die elegante Welt* of April 16, 1803, Beethoven had not played the piano part of this concert *"to the complete satisfaction of the audience"* at the premiere the previous year.

Ries later recalled his piano teacher as follows: *"When Beethoven gave me lessons, he was, I would say, remarkably patient, contrary to his nature. I had to attribute this, as well as his rarely interrupted friendly behavior towards me, largely to his devotion and love for my father."* Beethoven also supported Ferdinand Ries financially.

Ferdinand Ries's descriptions make it clear again and again how close their relationship was: *"He really loved me, and once gave me very funny proof of this in his way. When I returned from Silesia, where I had spent some time playing the piano on Prince Lichnowsky's estate on Beethoven's recommendation, and entered his room, he was about to shave and was soaped up to the eyes (for that was how far his terribly thick beard went). He jumped up, embraced me warmly, and lo and behold, he had transferred the foamy soap from his left cheek to my right so completely that he retained nothing of it. Did we laugh? Beethoven must also have had private notes about me, for he knew several of my youthful imprudences, which he only teased me about. On many occasions he showed me a truly fatherly sympathy."*

This happy time for the two Bonners in Vienna ended in November 1805 when Ries was summoned by the French, who had occupied his Rhenish homeland, for an muster in Koblenz.

Due to an earlier illness, he was spared the military and initially traveled to Bonn to be with his father. There he worked as a composer, pianist and piano teacher and converted some of Beethoven's string trios and string quartets into piano trios for the publisher Nikolaus Simrock.

Incidentally, in 1806 Ferdinand Ries published two piano sonatas as his Opus 1 with Nikolaus Simrock in Bonn, which he dedicated to Beethoven with a very detailed dedication text.

It was also Ferdinand Ries who brought Beethoven back into the limelight for a short time in his home town, where his works were practically never performed at the time. At concerts in Bonn and Cologne, he played Beethoven's *third piano concert*, which he had performed with great success at his first public appearance in Vienna in 1804, and Beethoven's *32 Variations on a Theme of his own* WoO 80 as - as the announcement put it - a "*student of the famous Beethoven*". In addition, the 2nd Symphony op. 36 was probably the first Beethoven symphony to be performed in Bonn at the concert.

Due to a lack of professional prospects in Bonn, Ries then moved to Paris in 1807, but returned to Vienna on August 27, 1808 after a less than successful period. There he was again in contact with Beethoven, but had to leave Vienna again in 1809 in a hurry because this time he was threatened with conscription into the Austrian army, which was mobilizing all its forces against the threat to Vienna from Napoleon.

Ferdinand Ries once again found shelter with his father in Bonn, where he composed his first symphony, among other works. In January 1811, he set off from Godesberg on an extended concert tour, which took him via Kassel, Hamburg, Copenhagen and Stockholm to St. Petersburg. In 1812 he fled again from Napoleon, who was advancing against Moscow, via Stockholm to London, where he arrived in April 1813.

In the British capital, Ferdinand Ries was introduced to high society by Johann Peter Salomon from Bonn, who, as a court musician in Bonn, had also been his father's violin teacher. Salomon had been in London since 1781 and had also organized Joseph Haydn's stays in London. He had arranged for Haydn to stop off in Bonn on his first trip to London at Christmas 1790 and on his return journey in July 1792. Haydn had met Beethoven there and probably offered him lessons in Vienna, for which Beethoven left Bonn on November 2, 1792.

Like the Ries family, the Salomon family also left their mark on the Bonn music scene. Father Philipp A. Salomon was an oboist and violinist in the electoral orchestra from 1765-1780. In his early years, he therefore played under the direction of court conductor Ludwig van Beethoven the Elder (Beethoven´s grandfather), who evidently encouraged him. Johann van Beethoven (Beethoven´s father) was his colleague in the court orchestra.

Philipp A. Salomon had three musical children: Johann Peter was already playing the violin in the orchestra as a 13-year-old in 1758. He was born 25 years before the composer Ludwig van Beethoven in the front building of Beethoven's later birthplace in Bonngasse. Around 1771, the Salomons moved back into the house in Bonngasse, where the Beethoven's now also lived. Johann Peter's sister Anna Jacobina, five years his junior, was an alto student of Beethoven's father Johann. Another sister, Anna Maria, was a soprano in the electoral ensemble. Johann Peter Salomon left Bonn in 1761, even before Ludwig van Beethoven was born, to become concertmaster in the royal Prussian town of Rheinsberg. However, he never lost contact with his hometown and also met the young Beethoven during his visits to Bonn.

On February 6, 1813, just a few weeks before Ries arrived, Salomon was one of the 30 musicians who founded the **Philharmonic Society of London** (from 1912 the **Royal Philharmonic Society)**. The Society's inaugural concert on 8 March, which Salomon conducted, already included a Beethoven symphony on the program. Works by Beethoven were then played in each of the eight concerts in the **Philharmonic Society of London's** first concert season. Of the Society's 40 concerts from 1818 - 1822, only four had no Beethoven compositions on the program.

Beethoven had already been in contact with Salomon in London before the Philharmonic Society was founded. In 1801, for example, he sent him his **Septet for violin, viola, violoncello, double bass, clarinet, horn and bassoon** op. 20 *"to perform it in his concert, this was done purely on friendship".*

With the salutation *"**Mein Verehrter LandsMann**"*, Beethoven then turned to Salomon on June 1, 1815 with the request that he arrange for some of his works to be published by English publishers. Since Salomon died in November of the same year as a result of a riding accident, he was no longer able to take care of this. Shortly beforehand, he had appointed Ferdinand Ries as executor of his will.

Beethoven wrote to Ferdinand Ries on February 28, 1816: *"Solomon's death pains me greatly, as he was a noble man whom I remember from my childhood. You have become executor of his will, and at the same time I have become guardian of my poor deceased brother's child."*

In the meantime, Ries had established himself as a respected musician in London through his own reputation and with Solomon's help. In 1814, he married Harriet Mangeon from a respected London family. From February 1814, his works were regularly performed at the concerts of the *Philharmonic Society of London*. He became a member in 1815 and was elected one of the Society's directors in the same year.

How the trust between two Bonn residents made the Ninth possible

As late as October 17, 1815, Ferdinand Ries complained in a letter to Franz Gerhard Wegeler that he had only heard from Beethoven once in the last five years, adding: *"Nevertheless, I must love the madhead!"* Just one month later, on November 22, 1815, he received a letter from his former teacher saying that he had sent several compositions to London: *"I beg you very much, dear Ries! to take care of these things, also so that I can get the money; it will cost a lot before everything gets there, I need it."*

During this time - from May 1815 to February 1816 - the London pianist and composer Charles Neate was in Vienna. He was one of the directors of *the Philharmonic Society of London* and made contact with Beethoven, as the society wanted to commission three overtures from the composer with the right to premiere them. Neate actually received three overtures from Beethoven, but they had already been performed.

In a letter to the Society dated February 5, 1816, Beethoven confirmed that he had given Neate the copies in July of the previous year and had received 75 guineas for the promise to perform the works in London and not to have them printed elsewhere for one or two years. This was roughly double the average annual salary in England at the time.

On March 19, 1816, however, Ferdinand Ries reported to Beethoven about the difficulties in implementing the project: *"We are in a somewhat vexed situation due to the perfidy of several members of our Philharmonic Society - and we have already considered how we can best arrange to obtain these manuscripts, e.g. the symphonic cantata, as our own property - and to provide you with a proper tidy sum. However, it has not yet been completely decided. Five members of the Society have been chosen to arrange the matter, which the Society must approve before it can be carried out - and there is Neate. I myself am one of them, and two other good acquaintances of mine."* On April 3, 1816, Beethoven again asked Ries - *"Mein lieber riese"("My dear giant")* - to find London publishers for the compositions he had given to Neate. In another letter to Ries on May 8, 1816, he complained about his financial situation and openly asked for a composition commission: *"Some orders - apart from an Akad[emie] - would also be very welcome from the Philharmonic Society".*

A few months later, on December 18, he wrote to Neate in a very similar vein: *"I should be flattered to write some new works for the philharm. I mean symphonies, an oratorio, or cantatas"*. Soon afterwards, however, Beethoven turned away from Neate disappointed by his inactivity and wrote to him on April 19, 1817: *"I swear that you have done nothing for me, will do nothing for me and will do nothing for me again, in short, nothing! Nothing! Nothing!"*

Ferdinand Ries, on the other hand, had become active and wrote Beethoven the famous letter on June 9, 1817 with the commission to compose the 9th Symphony:

"The Philharmonic Society, where our friend Neate is now also a director, and where your compositions are preferred to all others, wishes to give you proof of the great respect and appreciation for the many beautiful moments we have so often enjoyed through your extraordinarily ingenious works - and I really feel it the most flattering compliment for myself to be commissioned with Neate to write to you first about this. In short, dear B., we would like to have you among us here in London next winter. Friends will welcome you with open arms, and to give you at least a proof of this, I have the commission to offer you, in the name of the directorate of the Philharmonic Society, 300 guinees under the following conditions:

1) You are to be here in London next winter.

2) You are to write two large symphonies for the Philharmonic Society, which are to remain its property."

This was followed by a number of conditions to ensure that Beethoven could not compete with the Philharmonic Society with concerts or compositions during a possible stay in London. Ries also offered Beethoven an advance of 100 guineas if he accepted the offered commission.

Beethoven replied on July 9, 1817:

"The requests made to me in your valuable letter of June 9 are very flattering. You should see from the present how much I appreciate them. If it were not for my unfortunate infirmity, which requires much more care and expense, especially when traveling and in a foreign country, I would gladly accept the proposal of the Philharmonic Society.

But put yourself in my position; consider how many more obstacles I have to overcome than any other artist, and then judge whether my demands are unreasonable. Here they are, and I ask you to communicate them to the directors of the aforementioned company.

1) I will be in London in the first half of January 1818 at the latest.

2) The two great symphonies, completely newly composed, should then be finished and be and remain the sole property of the company."

However, Beethoven then demanded that half of the 300 guineas offered should be paid as an advance and an additional 100 guineas for travel expenses. He agreed to the other conditions and asked *"to receive the authorization or confirmation of the above in English signed by three directors on behalf of the company."*

To this "business letter", signed by him but written by someone else's pen, Beethoven added in his own hand: *"Dear Ries I embrace you from the bottom of my heart, I have diligently taken another hand to the above of this letter so that you can read everything better and present it to the Society.*

Of your good intentions towards me I am convinced. I hope that p[hilharmonische] G[esellschaft] will approve my proposal, and they can be convinced that I will use all my strength to appreciate the honorable task of such an exquisite artistic society in the most worthy manner. - How strong is your orchestra, how many violins etc. etc. with one or two harmonies, is the hall large and rich in sound?"

However, the Philharmonic Society rejected Beethoven's demands in September and repeated its original offer. Beethoven accepted, but illness, disputes over the custody of his nephew Karl, financial difficulties, depression and work on other compositions caused the London project to take a back seat.

Nine months later, on March 5, 1818, Beethoven wrote to Ferdinand Ries that his *"weak health"* was preventing him from coming to London. He hoped to be cured in the spring, to start work on the commission *"late in the year"* and possibly to travel to London in the winter. But the project was further delayed, although Beethoven remained in close contact with Ries and repeatedly sent him various compositions for publication by the London publisher.

A year later, a visit to London was again the subject of various letters from Beethoven to Ries. Thus, he wrote (presumably) on March 30, 1819: *"For now it is impossible to come to London, entangled in so many circumstances; but God will help me to come safely to London next winter, where I will also bring the new symphonies with me. ... Orders from the Philharmonic Society would have been very welcome ..."* Apparently the commission of June 9, 1817 no longer played a role.

It was not until three years later that Beethoven returned to the subject in a letter to Ferdinand Ries on July 6, 1822: *"What would the Harmonie Gesellschaft offer me for a fee for a major symphony? I am still entertaining the idea of coming to London after all, if only my health would improve, perhaps next spring?"*

Ries explored this offer at the London Philharmonic Society. The minutes of a meeting on November 10, 1822 record that Beethoven was offered 50 pounds (the equivalent of around 47 guineas) for delivering a symphony to the society by March 1824, the further use of which he could then decide after 18 months.

Ries submitted this offer - actually the second commission for the 9th Symphony - to Beethoven on November 15, 1822, who accepted in a letter to Ries on December 20: *"I am pleased to accept the request to write a new symphony for the Philharmonic Society, even if the fee from Englishmen cannot be put in relation to the other nations, I myself would write for the first artists of Europe for nothing if I were not still poor Beethoven. If only I were in London, what a lot I would write for the Philharmonic Society! For Beethoven can write, thank God, but nothing else in the world."*

A few weeks later, on February 5, 1823, he sent Ries a reminder: *"If I were not so poor that I had to live from my pen, I would not take anything from the ph[ilharmonischen] Gesells[chaft], so I must of course wait until the fee for the symphony has been allocated here".*

On February 25, Beethoven again asked for the fee *("I don't know how to handle the symphony")* and sent Ries the overture to the festival play *Consecration of the House* op. 124 for use by the Philharmonic Society.

On April 25, 1823, Beethoven again described his difficult financial situation and health problems and at the same time reassured Ries, to whom he announced, among other things, that the Diabelli Variations op. 120 would be sent for marketing in England: *"In the meantime, don't worry; you will receive the symphony soon, really only this miserable situation is to blame."* He had already written to his patron and student Archduke Rudolph on July 1, 1823: *"I am now writing a new symphony for England for the Philharmonic Society, and hope to have it completely finished within a fortnight."*

Finally, on September 5, 1823, Beethoven announced to Ries: *"The score of the symphony has been completed this day by the copyist"* and would soon be sent off. However, Beethoven did not actually complete his 9th Symphony before April 1824; it only arrived in London in December. The copy that Beethoven sent to England bore the dedication *"Great Symphony written for the Philharmonic Society in London"* in the composer's handwriting.

Neate confirmed receipt of Beethoven's composition on December 20, 1824 and invited the composer to London the following year to conduct the symphony. He announced that rehearsals had already begun. By this time, however, the work had long since been premiered in Vienna, which actually contradicted the agreements made with the *Philharmonic Society of London*.

Beethoven replied on January 15, 1825 and demanded better conditions, which Neate rejected on February 1, 1825 on behalf of the directors of the company. The following letters were then only about fees for compositions and no longer about a trip to London.

The 9th Symphony was finally performed for the first time in London on March 21, 1825 under the direction of George Smart, one of the company's directors. The soloists were the French soprano Rosalbina Caradori-Allan, who had been engaged at the Kings Theater in London, the English contralto Joanna Goodall, the English tenor Thomas Vaughan and the baritone Henry Philipps.

The concert was the 116th performance of a Beethoven work by the *Philharmonic Society of London*, which had already performed all of Beethoven's other symphonies up to that point - with the exception of the 8th Symphony.

In the years following its premiere, Beethoven's Ninth was performed nowhere more frequently than in London: the concerts of the Philharmonic Society of London record performances on April 26, 1830 under the direction of Charles Neate and on April 17, 1837, April 23, 1838 and May 3, 1841, all under the direction of Ignaz Moscheles. The symphony was performed at the *Royal Academy of Music* on June 20, 1835 and April 15, 1836 and at the *Societa Armonica* on March 24, 1836. On July 19, 1837, a benefit concert for the Beethoven monument in Bonn took place at the Drury Lane Theatre with the 9th Symphony conducted by Ignaz Moscheles. Moscheles conducted the work again in his own London concert series on May 23, 1838.

Smart had already played with Johann Peter Salomon and was one of the founders of the *Philharmonic Society of London*. Since then, he has repeatedly taken part in performances of Beethoven's works in London. He was also on friendly terms with Ferdinand Ries and his family. When he set off for Vienna in July 1825 to meet Beethoven in person, he stopped off in Bonn and Godesberg on August 7 to meet Ferdinand Ries, his father Franz Anton and the Simrock family of publishers.

Incidentally, the Schiller text was sung in an Italian translation at the London premiere of the Ninth. This was decided at the meeting of the directors of the Philharmonic Society on January 23, 1825, because it would be too difficult to sing the text in an English translation. Program sheets with an English translation were distributed at the performance. Performing the text in its original German version was apparently not even considered.

By this time, Ferdinand Ries had long since left London and moved back to Bonn. Due to a number of disputes with his co-directors, he had already stood down as director at the election on June 18, 1821. On May 3, 1824, he gave his farewell concert in London, for which he had composed his piano concerto op. 132, and finally left London on July 9. This was an important turning point for Beethoven. He wrote to the music publisher Schlesinger in Berlin on July 15, 1825: *"I no longer send anything to London since my friend and student Ries is no longer there."*

So it was by no means a straight path from the London commission for the 9th Symphony in 1817 to its completion in 1825. Rather, it was a bumpy and winding road, which would probably have been even more difficult without the personal relationship of trust between the two Bonn composers Ludwig van Beethoven and Ferdinand Ries and would perhaps not have been taken or completed.

How Beethoven's enthusiasm for Schiller in Bonn continued in Vienna

When Beethoven came to Vienna at the end of 1792 for further training with Haydn, he actually wanted to return to Bonn afterwards. The Elector continued to pay him his salary and kept in touch with Haydn about the young composer's progress. However, the occupation of his hometown by the French and the disbanding of the Elector's orchestra prevented Beethoven's return to Bonn.

In Beethoven's time, Bonn was both a place of great intellectual openness and, as a city, in which the elector resided, a center of state and cultural life. The fact that aristocracy and bourgeoisie were able to co-exist here largely without conflict was due to this as much as to the city's manageable size: people knew each other and were interconnected.

There was an above-average number of professional musicians in Bonn, almost all of whom were bourgeois and who were constantly in contact with the court and aristocratic circles for professional reasons. Another remarkable feature was the unusually dense network of music lovers and patrons that connected the bourgeoisie and nobility: when making music together, class barriers hardly played a role. Many musicians and music lovers in particular promoted the values of the Enlightenment. Elector Max Franz, who was as fond of music as he was of the Enlightenment, promoted this symbiosis.

In November 1792, Beethoven not only moved from the small city of Bonn with around 11,000 inhabitants to the large city of Vienna with more than 200,000 inhabitants at the time. For him it was also a step from a city of the Enlightenment, where Schiller's work, for example, was freely accessible, into a center of the Restoration. From 1792 to 1820, over 12,000 books and manuscripts fell victim to censorship in Vienna. Countless authors were affected, including Schiller. His works were not allowed on the stage and his writings could not be distributed without danger.

In 1802, for example, the distribution of a Bonn edition of *An die Freude* was expressly forbidden in Vienna. This was a musical setting of Schiller's poem by the cathedral chapter and composer Johann Friedrich Hugo von Dalberg, who was personally acquainted with the poet. It was first published in Erfurt in 1799 and then probably a year later by Nikolaus Simrock in Bonn.

For Beethoven, who later also had to contend with censorship for his opera *Fidelio*, it was therefore not advisable to set a text in music such as *An die Freude* by Friedrich Schiller after his arrival in Vienna. Perhaps this is why the setting he made in the last weeks in Bonn or the first months in Vienna has been lost.

However, Beethoven did not let go of Schiller's texts. A sketchbook from 1798/99 contains a few notes on *"muss ein lieber Vater wohnen" ("Must reside a loving Father")*, a line from the "Chorus" to the first verse of Schiller's ode *("Seid umschlungen, Millionen! / Diesen Kuß der ganzen Welt! / Brüder – übern Sternenzelt / Muß mein Lieber Vater wohnen." – "Be embrac'd, ye millions yonder! / Take this kiss throughout the world! / Brothers–o'er the stars unfurl'd / Must reside a loving Father.")*

While performances of Schiller's works were not possible in Vienna until 1807, this changed when the entrepreneur Joseph Hartl von Luchsenstein took over the management of the two court theaters - Burgtheater and Kärntnertortheater - in 1808/09. *Macbeth, Intrigue and Love*, *Phaedra* and *Don Carlos* by Schiller were now staged. Beethoven even considered making *Macbeth* the subject of an opera. Apparently Schiller's poem *An die Freude*, which he had known since his Bonn years, came to mind again.

In any case, a sketchbook from 1811/1812 contains the note *"Freude schöner Götter Funken Tochter Ouvertüre ausarbeiten"* on one sheet. Another sheet reads *„Freude schöner Götter Funken Tochter aus Elysium abgerissene Sätze wie Fürsten sind Bettler u.s.w. nicht das Ganze."* and finally *„Abgerissene Sätze aus Schillers Freude zu einem Ganzen gebracht."*

However, Beethoven only realized his plan to set Schiller's Ode to music in the 9th Symphony, which he essentially began after completing work on the *Missa solemnis* in the spring of 1823. His secretary Anton Schindler later recalled that Beethoven *"brought many sketches from the country to the city, and by February 1824 this colossus had been completed. Among other things, it is interesting to hear how Beethoven tried to find a way to skillfully introduce Schiller's Song of Joy into the fourth movement of the symphony. Back than I was mostly at his side, so I was able to observe this struggle closely. The highly interesting sketches and drafts of it, all of which I possess, also bear witness to this. One day, as I entered the room, he called out to me: "I've got it, I've got it!" as he held out the sketchbook to me, where I read: "Let us sing the song of the immortal Schiller." "Joy" etc. which he later introduced with: "Friends, not these notes" etc.".*

In the original version from 1785, Schiller's poem consists of nine stanzas of eight verses each, each followed by a "chorus" of four verses. The poet then revised the poem in 1803, i.e. deleted the last verse and slightly changed the text of the first. There, *"Was der Mode Schwerd getheilt; / Bettler werden Fürstenbrüder"* (("What did custom sword divide, Beggars become the princes brother") became *"Was die Mode streng getheilt, / Alle Menschen werden Brüder"* ("What did custom stern divide, Every man becomes a brother")

Beethoven probably took the revised text from the ninth volume of the complete edition of Schiller's works published by Anton Doll after the poet's death in 1810. As the original version of the poem is printed in the tenth volume of this complete edition, which was published in the same year, Beethoven evidently made this decision to use the revised version deliberately. In any case, he took the revised version printed there as a basis, used the first three stanzas unchanged and composed his fourth stanza from the choruses of Schiller's first, third and fourth stanzas.

When it became known in Vienna that Beethoven had completed the *Missa solemnis* and the *9th Symphony*, art lovers and artists appealed to the composer to perform the new works in public in Vienna. Beethoven had not been seen on the concert stage for several years. Although it actually contradicted the promises made to the *Philharmonic Society of London*, Beethoven gave in to this insistence and the premiere of the 9th symphony took place in the Theater am Kärtnerthor on 7 May 1824.

This premiere concert began with Beethoven's overture *Die Weihe des Hauses* op. 124, followed by excerpts from the *Missa solemnis* op. 123 and then, presumably after an interval, the 9th Symphony op. 125, conducted by the Austrian Kapellmeister of the Kärtnertortheater, Michael Umlauf, together with the deaf Beethoven. The soloists Caroline Unger (alto), Anton Haizinger (tenor) and Joseph Seibelt (baritone) were also Austrian musicians. However, the soprano Henriette Sontag came from the Rhineland and, like Beethoven's mother, was born in Koblenz.

Due to its great success, the concert was repeated with minor changes to the program on 23 May in the Great Redouten Hall of the Hofburg. A third performance took place in Vienna on March 15, 1827, a few days before Beethoven's death.

Incidentally, Bonn also played a role in the dedication of the 9th Symphony. Beethoven asked Bonn-born Franz Ludwig Prince von Hatzfeld zu Trachenberg to clarify whether the Prussian King Friedrich Wilhelm III would agree to such a dedication. During Beethoven's childhood in Bonn, von Hatzfeld was chamberlain to the Elector of Cologne and later became Prussian envoy in Vienna. His sister-in-law was Anna Maria Hortense Countess von Hatzfeld from Vienna, who had married his half-brother Clemens August in 1772 and then lived in Bonn before returning to her hometown of Vienna after her husband's death in 1797.

In Bonn, the countess had supported the young Beethoven and was one of Bonn's particularly talented music amateurs. Beethoven dedicated his *24 Variations on the Ariette "Venni Amore" by Vincenzo Righini for piano* WoO 65, published in 1791, to her.

After Prince von Hatzfeld had signaled the king's approval, Beethoven sent the copy of the score of the 9th Symphony with a handwritten dedication to Berlin at the end of September 1826 and expressly emphasized in the accompanying letter that he was a *"citizen of Bonn"* - probably because the Rhineland had belonged to Prussia since the Congress of Vienna in 1815:

"Your Majesty!
It is a great happiness in my life that Your Majesty has graciously
allowed me to humbly present this work to you.
Your Majesty is not only the father of all your subjects, but also the
protector of the arts and sciences: how much more must your most
gracious permission please me, since I myself am so happy, as a
citizen of Bonn, count myself among your subjects.
I ask Your Majesty to most graciously accept this work as a small
token of the high esteem in which I hold your virtues.

Your Majesty's most humbly obedient
Ludwig van Beethoven."

Beethoven had hoped for a medal from the king in return for the dedication. However, Frederick William III thanked him in a letter dated November 25, 1826 with an alleged diamond ring which, to Beethoven's great annoyance, turned out to be nothing more than a ring with a reddish stone worth only about 300 florins.

How the Bonner Ries performed Beethoven's Ninth in Aachen

In addition to the Viennese premiere and the London premiere, Beethoven personally authorized a third premiere at the Lower Rhine Music Festival (Niederrheinisches Musikfest) in Aachen, which he thought would be the first in Germany. The close contact with his student Ferdinand Ries was decisive for this. Ries had returned to Bonn from London in the meantime.

In the same year, 1824, a work by Ries was also on the program for the first time at the 7th Lower Rhine Music Festival in Cologne on 7 June with his 4th Symphony. In a detailed report, the young Bonn journalist and poet Johann Baptist Rousseau described the audience's reaction with the words: *"Everyone was all ears and delighted by the wonderful interplay of the many instruments."*

Around this time, Aachen was chosen as the venue for the Lower Rhine Music Festival in 1825. The Cologne tax councillor Wilhelm Hauchecorne, who had been transferred to Aachen around 1819, played an important role in this. He had already been a member of the executive committee of the first Lower Rhine Music Festival in Düsseldorf in 1818. In the first few years, the music festival was held three times in Düsseldorf, twice in Elberfeld near Wuppertal and twice in Cologne.

Since at least 1822, Wilhelm Hauchecorne had been campaigning for Aachen to host the Lower Rhine Music Festival.

At the beginning of 1824, the chairmen of Aachen's music societies formed a preparatory committee. They contacted the twin cities of Cologne, Düsseldorf and Elberfeld as well as the music associations in Bonn, Krefeld and Neuwied, among others, to collect suggestions for the music program and were able to announce that the new theater in Aachen (Schauspielhaus), which had been completed by then, would be available as a venue.

Initially, the intention was to recruit the then renowned composer and conductor Louis Spohr as artistic director of the music festival. However, he was not granted leave from his position as bandmaster in Kassel. Attention then quickly turned to Ferdinand Ries in Godesberg, who had no other commitment.

The Bonn network around the Lower Rhine Music Festival was certainly also helpful. Peter Joseph Simrock had opened a branch of his father's Bonn publishing house in Cologne in 1812 and was then involved in the music festival. Simrock was also the publisher of Ferdinand Ries, and the two families were closely connected. Heinrich Carl Breidenstein, music director at Bonn University since 1823 and associated with the Ries family, was also involved in the Lower Rhine Music Festival.

The music lover and patron Sibylle Mertens-Schaaffhausen was also associated with the Festival. As her marriage to the Cologne banker Joseph Ludwig Mertens was unhappy, the "Rhine Countess" moved to the Auerhof (now Villa Carstanjen) in Bonn in 1824. Here she began the tradition of a Rhenish salon. Many outstanding personalities from the worlds of art and culture met there. In addition to Ernst Moritz Arndt, Annette Droste-Hülshoff, Johanna Kinkel and August Wilhelm von Schlegel, Ferdinand Ries, who lived practically in her neighborhood from 1824-1827, was also among them.

Incidentally, Ferdinand's father Franz Anton Ries and his brother Hubert had already played as violinists in the orchestra of the Lower Rhine Music Festival in Cologne in 1821. The violinist Johann Adolf Steinberger, who was one of the founders of the "Kölner Kammermusik-Quartett-Verein" (from 1826 Concert-Gesellschaft) in 1810, was also active in the Cologne Cathedral Orchestra. The notary was mayor of Cologne from 1823 to 1848. When Ferdinand Ries had problems with customs in Cologne on his return from England in 1824 because he had declared a new Clementi piano as second-hand, he turned to the music lover, whom he apparently knew: *"But since Steinberger is the Lord Mayor of Cologne, I went to him"*.

Given this network, it is not surprising that the Lower Rhine Music Festival quickly agreed to approach Ferdinand Ries about the directorship. On December 14, 1824, he was formally offered the position and Ries accepted on December 24. He had no financial claims and the Aachen festival committee could only offer to reimburse his expenses. Ferdinand wrote to his brother Peter Joseph Ries, who lived in London, on January 5, 1825: *"Next Whitsun is the great Rhenish music festival in Aachen, I have been asked in the most excellent way to take over the entire direction, which I have accepted - over 450 artists will gather there on this occasion."*

The fact that there was a lively desire in Aachen and other cities to perform Beethoven's new 9th Symphony at the 1825 music festival certainly contributed to the decision in favor of Ferdinand Ries. This is not surprising, because apart from the first music festival in Düsseldorf in 1818, at which only *The Seasons* and *The Creation* by Joseph Haydn were performed, Beethoven's works had always been on the program in the following years: the Leonore Overture in Elberfeld in 1819, the 3rd Symphony and a soprano symphony in Düsseldorf in 1820, the 5th Symphony in Cologne in 1821, the 4th Symphony in Düsseldorf in 1822, the 7th Symphony in Elberfeld in 1823 and parts of the C major Mass and the Corolian Overture.

Until then, no composer had been played as often at the Lower Rhine Music Festival as Beethoven. It was certainly hoped that Ferdinand Ries, who was so closely associated with Beethoven, would be able to realize the performance of the 9th Symphony in Aachen. However, the work, which had until then only been performed in Vienna, was not yet available in print. However, it was known in Aachen that Beethoven had commissioned the Schott publishing house in Mainz to publish it. The Aacheners therefore wrote to Mainz in December 1824 and January 1825 to ask whether the work would be printed by the spring or whether material could be made available. After an initially evasive reply, the Schott publishing house rejected the request on January 25, 1825.

The score did not appear in print at Schott-Verlag until more than a year later, on August 28, 1826. Although the relevant negotiations had already been comcluded parallel to the Vienna premiere in May 1824, Beethoven did not send the necessary template to Schott until January 16, 1825.

Apparently, the Schott publishing house made his print template available for a performance in Frankfurt am Main. In the very extensive program of the Frankfurt concert, Beethoven's Ninth was divided into two parts: the 1st and 2nd movements opened the concert, the 4th movement was played at the end. The 3rd movement (Adagio) was not performed. The *Allgemeine Musikalische Zeitung* then wrote critically on April 27, 1825: *"It seems to us - as much as we are entitled to judge after hearing this composition once - that the genius of the great master was not present at its conception and that a purely formal and combinatorial striving missed the right path."*

As no sheet music of the 9th Symphony was available in Aachen, Ries advised against tackling the performance of the unknown work – moreover with an unrehearsed orchestra specially assembled for the music festival. However, the committee urged him to ask Beethoven for the necessary sheet music.

After some back and forth, Beethoven sent Ries the material. However, it was only the score of the first three movements without written-out parts and the parts - without score - of the fourth movement. The composer was unable to send any more, because he had fallen out with his copyist.

Ries was therefore in intensive correspondence with Hauchecorne about the necessary music copies. For the complex 4th movement of the 9th Symphony, of all things, he only had a part set of the premiere material (or copies of it) as well as a score containing only the vocal parts with bass, which had already been used in preparation for the premiere. On this basis a score of the 4th movement was made in Aachen on this basis, which Beethoven was of course unable to check. At the same time, the individual parts had to be written from the score of the first three movements. Numerous individual parts also had to be made for other works planned for the music festival - in particular a brand new symphony by Ries himself. A large number of copyists were employed for this purpose: around eight in Aachen and several in Cologne, Düsseldorf, Bonn, Koblenz and other places. They worked for several weeks for a small fee.

Despite these efforts, however, there was not enough time for careful rehearsals. On April 17 - just over a month before the performance - Ries wrote to Hauchecorne: *"I cannot yet judge the whole thing because I sent you the parts as soon as I received them and do not yet have a score."*

On April 21, after receiving the copies, Ferdinand Ries warned emphatically: *"... I must tell you that it will be an extremely difficult matter. If the directors of the festival want this entire symphony, I will boldly undertake it. However, I must also confess to you that I consider it impossible that two general rehearsals can suffice. Something so complicated and difficult doesn't exist not even from Beethoven ....I therefore ask you to make the following suggestion to the gentlemen of the committee, which could pull us out of our embarrassment and to some extent save our honor /:which is also somewhat at stake :/. The first Allegro of this symphony, which is very large, should be given as an overture and manuscript by Beethoven, which would also give us time to rehearse."* According to Ries' suggestion, this was to be followed by Beethoven's cantata *Meeresstille und glückliche Fahrt (Calm Sea and Prosperous Voyage)* op. 112.

However, as the Aachen committee insisted on performing the 9th Symphony, Ries was forced to omit the scherzo in the second movement and some passages in the third movement due to a lack of rehearsal time.

Advertising for the Lower Rhine Music Festival in Aachen was intensive. On April 11, 1825, the **Stadt-Aachener Zeitung** published an announcement of the *"Lower Rhine Music Festival on the two Whitsun days, May 22 and 23 in Aachen".* For the first day, a *"New Symphony by F. Ries (Manuscript)"*, the cantata **Das Alexanderfest** for soloists, choir and orchestra by Georg Friedrich Händel (HWV 75) *"newly orchestrated by Mozart"* and *"as the final piece, aria and choir (Hallelujah) from the oratorio Messiah by Händel"* are announced. On the second day it says: *"First part: 1st newest symphony by Beethoven, with choruses from Schiller's Hymne: an die Freude. (Manuscript). 2. Davidde penitente, cantata by Mozart (in parts). Second part: 3. Overture from The Magic Flute, by Mozart. 4. Christ on the Mount of Olives, oratorio by Beethoven."*

Above all, it will be possible to get to know *"Beethoven's latest sym-*

phony, a gigantic work in which the magnificent master, whom the Rhineland counts with just pride as one of its own, has achieved something worthy of admiration and his genius has soared to an un-rivaled height."

This announcement appeared word for word in over ten newspapers in neighboring Germany and abroad. In 17 cities, as far east as Mün-ster and Dortmund, as far south as Saarbrücken and as far west as Brussels, local representatives promoted the festival.

The venue for the concerts was the new 1180-seat theater (Schaus-pielhaus) in Aachen, whose construction had begun in May 1823 and which opened on May 15, 1825 with the opera *Jessonda* by Louis Spohr.

Ferdinand Ries arrived in Aachen on May 3, 1825 for the final rehears-als. He spent a total of five and three weeks in Aachen in preparation for the music festival. By May 20, almost all the musicians from abroad had arrived and the dress rehearsals for the vocal and instrumental numbers could take place in the theater.

For financial reasons alone, the musicians had to be amateurs ("dilet-tantes") and only a few professional musicians could be engaged. The 266 chorus members (28 sopranos, 32 altos, 32 tenors and 37 basses) were all amateurs, the 147-musician orchestra was mostly made up of amateuers. Only 29 musicians were paid, primarily string players. A total of 332 thalers was spent on orchestra musicians for 19 rehearsals and participation in the two performance days, i.e. around 12 thalers per musician.

Around 22 orchestral musicians came from the Aachen municipal or-chestra, while the others had been recruited especially for the music festival from many cities in the Rhineland and Westphalia as well as from the Netherlands. Ries also took care of the selection himself. The Aachen orchestra was smaller than those at the music festivals in Düs-seldorf in 1822 (190 orchestra members) and Cologne in 1824 (178 orchestra members).

The selected pieces were rehearsed with the orchestra by the munici-pal music director Paul Kreutzer. The choir conductor was the director of the Aachen Choral Society and cathedral organist Theodor Zim-mers. The choral society, which was formed in Aachen in 1819, was only able to begin rehearsals for Beethoven's Ninth a few weeks be-fore the music festival, in addition to the works that had already been scheduled for performance since January (Händel's *Alexanderfest* (composed by him in 1735 during a stay at a health resort in Aachen), Beethoven's *Christus am Ölberge* and Mozart's *Davidde penitente*). Although it is known which vocal soloists took part in Aachen in 1825, it is not known which of them sang the solo parts in the 4th movement of the 9th Symphony.

The concerts began at 6 pm. Seats were drawn by lot among the 824 subscribers. Three boxes were reserved for the festival management and guests of honor. As the galleries and the designated standing room were not sufficient due to the large number of visitors, the backdrops were removed from the stage and a concert podium was set up there, as well as additional galleries. This allowed 1410 listeners to experience the performance of Beethoven's 9th Symphony on the second day.

The following day, however, this performance was not mentioned in the *Stadt-Aachener Zeitung* on May 24, 1825. However, it was reported that Beethoven's *"Christus am Oelberge crowned the concert"* and that there was a storm of jubilation for Ferdinand Ries.

A detailed review of the Aachen performance of Beethoven's 9th Symphony by Johann Baptist Rousseau appeared in the *Rheinische Flora* on May 26, 1825:

"Apart from Beethoven, no one has probably ever lived who knows how to treat the orchestra like he does and does what he wants with the instruments. His new symphony is once again loud proof of this. How splendidly the whole is laid out, how ingeniously the details are distributed. From the beginning to the end, a sometimes gentle, sometimes stormy harmony emerges from the chaos of the notes, which will only rise to its full glory when the symphony has been heard more often and better understood. The Scherzo was omitted from the performance, although it had been rehearsed because a lack of time necessitated this shortening. Otherwise, the association did what could only be done after overcoming the unspeakable difficulties associated with the performance of this symphony. In the solos and choruses, the whole heaven of joy of the Godhead laughed down upon the world; it is not enthusiastic rapture if I claim that the composition of the passage "Happy, as his suns are flying" was the music of the spheres. The flowery bonds of harmony embraced all beings with these divine tones, and the kiss of love was for the whole world."

Heinrich Carl Breidenstein was more critical in an unnamed review in the *Allgemeine Musikalische Zeitung* on June 29, 1825: *"It cannot be denied that this finale with its choruses is the weaker part of this brilliant work. Although there is no lack of individual incomparable scenes and passages here either, the whole lacks poise and executability - I am not afraid to say so, for it would be unforgivable not to speak freely about Beethoven. The singing voices, especially the soprano and bass, are at their highest possible pitch almost without interruption, and the bass drum together with the triangle and piccolo flute, as well as the contrabassoon and double bass, are treated in a very obbligato manner and take on more than they are legally entitled to. Despite this, one can say of Beethoven what has been said of Händel: Even in aberration - great!"*

On June 9, 1825, Ferdinand Ries had already reported enthusiastically to Beethoven in Vienna from Godesberg just a few days after the Aachen concert: *"I have been back from Aachen for a few days now, and tell you with the greatest pleasure that your new symphony was performed with extraordinary precision and received with the greatest applause - it was a hard nut to crack, and on the last day I rehearsed the finale alone for three hours - but I in particular, and everyone else, were sufficiently rewarded by the performance. It is a work to which none can be compared, and if you had written nothing like it, you would have made yourself immortal - where else are you going to take us? As you will be interested to hear more about the performance, I will briefly describe it to you. The orchestra and chorus consisted of 422 people and many excellent people among them. The first day began with a new symphony of mine, followed by Händel's Alexanderfest. The second day began with your new symphony, followed by Davide penitente by Mozart, Overture from the Magic Flute and Christ on the Mount of Olives. - The applause from the audience was almost deafening, I had been in Aachen since May 3rd to do the rehearsals and to testify to the satisfaction and enthusiasm of the audience, I was called out after the performance, where a lady (she was beautiful, too) presented me with a poem and a laurel crown. This was followed at the same time by a shower of flowers and a poem from the upper boxes. Everyone was happy and satisfied, and they admitted that it was the most beautiful of the seven Whitsun Festivals they had so far."*

Beethoven himself had thus created the conditions for the performance of his 9th Symphony in his Rhineland homeland and personally authorized it, even if not in the abridged form. The first complete performance of the 9th Symphony in Germany took place on March 6, 1826 in Leipzig under the direction of Gewandhauskapellmeister Johann Philipp Christian Schulz.

This was followed by performances of the Ninth in many other cities. These included Berlin, where the 17-year-old Felix Mendelssohn-Bartholdy performed a piano version in a small circle on November 18, 1826. On November 27, the original version under the direction of Carl Moeser was played. Felix Mendelssohn-Bartholdy himself conducted the 9th Symphony at the Leipzig Gewandhaus concerts on February 11, 1836 and February 11, 1841, as well as at the 18th Lower Rhine Music Festival in Düsseldorf on May 23, 1836. The Bremen premiere on December 20, 1826 is less well known. Beethoven's Ninth was first performed in Paris on March 27, 1831 and in St. Petersburg on March 7, 1836.

How Schiller's Ode returned to Bonn with Beethoven's Ninth

Beethoven's Ninth was not performed in his hometown of Bonn until August 10, 1845, more than two decades after its premiere in Vienna. Despite his many confessions to his homeland - he even signed letters in Vienna with *"Beethoven Bonnensis"* - the composer was largely forgotten in Bonn after his departure in 1792.

The French occupation of Bonn on October 8, 1794 put an end to the rich musical life in the city where the elector resided , as the court orchestra had also fallen victim to the dissolution of the court with the expulsion of the elector. The occupation also meant that only a few of Beethoven's friends remained in Bonn, including Franz-Gerhard Wegeler and his wife Eleonore née von Breuning, Franz Anton Ries and Nikolaus Simrock.

On September 25, 1799, a report in the *Allgemeine musikalische Zeitung* by its Frankfurt correspondent from July of that year stated: *"You ask me for news from the Rhine regions, about music and culture in this wonderful region. You can expect little - extremely little - from my harvest; for the fields are all lying fallow now, where previously you* could still see a few stalks of fruit. The war has completely destroyed the little that used to flourish, albeit poorly."

The Bonn high school teacher Dr. Hennes recalled in the *Kölnische Zeitung* of 15 July 1838: *"Beethoven's music was rarely heard. If old Mr. Simrock had not remained in constant contact with Beethoven, even his name would have been heard only rarely in Bonn. Only a few kept the memory of the noble master in their loving hearts."*

Beethoven's temporary assistant Anton Schindler also complained in his biography of Beethoven in 1840 that the composer had been almost completely forgotten in his homeland and that *"unfortunately, apart from Dr. Wegeler in Coblenz, father Ries and music publisher Simrock in Bonn, not a soul had bothered about him".*

It is also striking that among the subscribers for the 9th Symphony published by Schott in August 1826 and the *Missa solemnis* printed by the same publisher in March/April 1827, there is only one Bonn resident, Nikolaus Simrock, among the 210 names listed from over 100 cities. This is surpassed even by cities with no recognizable Beethoven connection such as Braunschweig or Magdeburg from which three subscribers each came.

On December 17, 1826, there was at least a concert in Bonn to celebrate the composer's birthday, during which Beethoven's 4th Symphony was probably played for the first time in his hometown. It had already been premiered in Vienna in 1807.

As the initiator and conductor of the concert, music director Heinrich Karl Breidenstein explicitly formulated the goal of the concert in the *Bonner Wochenblatt* of December 17, 1826:

"It lies in my intention, to gradually acquaint the local music-loving public with the excellent new symphonies and especially with Bethoven's works. Everyone recognizes the extraordinary achievements of Bethoven in this field, and he is rightly regarded as the founder of a new, i.e. the newest epoch of instrumental music, in that he employs the material means of art in a way that his great predecessors, Haydn and Mozart, were not yet permitted to do to some extent".

At the following three winter concerts in 1826/27, the 8th and 2nd symphonies and the Fidelio-Overture were performed for the first time in Bonn. When one considers that Beethoven's 5th Symphony, for example, had already been performed in Bremen and Breslau in 1809 and in Paris, Mannheim and Dresden in 1811 after its premiere on December 22, 1807, it is particularly striking how much Bonn lagged behind, as it was probably first heard there in January 1827.

Breidenstein, a musicologist from Hesse, has the great merit of having brought Beethoven back into the limelight in his hometown. He had become director of music at the University of Bonn in 1823 and in 1826 became an associate professor there, holding the first musicology chair in German university history.

Breidenstein was also the initiator and driving force behind the founding of the *Bonn Association for Beethoven's Monument*, which published an appeal to Beethoven's admirers on December 17, 1835 on the composer's 65th birthday, stating: *"Rarely has an artist had such a significant, such a memorable impact as Beethoven. ... Such an extremely rare, benevolent and far-reaching phenomenon deserves to be celebrated in a rare and extraordinary way, namely with a sculptural monument that is as grand as possible. There can be no doubt about the most suitable place for this. The city of Bonn on the Rhine, where the immortal artist saw the light of day, ... seems to be both entitled and obliged to undertake this undertaking".*

It was only when Robert Schumann published the appeal for donations on April 8, 1836 in the *Neue Zeitschrift für Musik*, which he edited, that it was noticed by the national and international press. Ferdinand Ries was the first to give a benefit concert for the Beethoven monument in Bonn on May 5, 1836 in Frankfurt.

Ultimately, Franz Liszt, who had also collected money for the monument already in 1836 and had become an honorary member of the monument committee in 1839, made it possible for the Beethoven monument to be completed with a substantial grant from his private fortune. It was unveiled on August 12, 1845 on Bonn's Münsterplatz.

Franz Liszt also insisted that the unveiling of the Beethoven monument be combined with a European music festival. A letter from Hector Berlioz on August 2, 1845 shows just how much this electrified the music world: *"I intend to go straight to Bonn, where everyone is going. It is a veritable emigration of artists, writers and curious people. I have no idea where we will be staying. I assume we will be forced to set up tents on the banks of the Rhine and sleep in boats."*

In preparation for the festival, the monument committee formed seven sub-committees, one of which was dedicated to the musical program. In addition to the unveiling of the monument and a festive service in Bonn Minster, the core of this first Beethoven Festival from August 10 - 13, 1845 consisted of three concerts, two of which exclusively featured Beethoven compositions. The hurdles for this music program could only be cleared at the beginning of July, just four weeks before the start of the first Bonn Beethoven Festival.

The *Missa solemnis* and the 9th Symphony were programmed for the first of these concerts on Sunday, August 10 at 6 pm. Above all, however - as Breidenstein recalled - they wanted to *"make a start"* with the *"two last and most difficult works"* by Beethoven *"partly to lead the listeners straight to the peak of Beethoven's genius, partly to be able to perform the great works, which require the most tremendous efforts, with fresh, unweakened forces."*

The conductor of the concert with the first performance of Beethoven's 9th Symphony in his hometown was the 61-year-old Louis Spohr, one of the most renowned conductors of his time. He had already given a benefit concert for the Beethoven monument in Bonn in the spring of 1039 In Kassel, where he had been court conductor since 1822.

Spohr had already come to know and appreciate Beethoven's music as a teenager. Together with his wife Dorette, who was an excellent pianist, he performed Beethoven's early piano concertos and symphonies there soon after his appointment as concertmaster in Gotha in 1805.

Spohr also got to know Beethoven personally when he was concertmaster at the Theater an der Wien from 1813 to 1815. In his autobiography, published in 1860/61, he recalls *"my friendly relationship with this great artist"*. In Vienna, Spohr himself played Beethoven's Violin Concerto as a soloist and attended the premiere of the 7th Symphony, which he described as a masterpiece.

However, Spohr was also critical of some of the Bonn composer's works - including the 9th Symphony. He confessed *"..that I have never been able to find a taste for Beethoven´s last works. Indeed, I must include the much admired Ninth Symphony among them, whose three first movements, despite individual flashes of genius, seem to me worse than all of the eight earlier symphonies, but whose fourth movement seems to me so monstrous and tasteless and so trivial in its conception of Schiller's Ode that I still cannot understand how a genius like Beethoven could have written it down. In it I find new proof*

*of what I had already remarked in Vienna, that Beethoven lacked aes-
thetic education and a sense of beauty."*

Spohr first conducted Beethoven's 9th Symphony in Kassel at Easter
1828 and from then on it was part of his repertoire. He also conducted the 3rd and 4th movements of the work on July 10, 1843 in the
presence of Queen Victoria, her husband Prince Albert and the Dutch
King at the Philharmonic Society of London, of which the Queen had
been patron since 1837.

Against this background, it is not surprising that the committee in
Bonn thought of Louis Spohr to take over the musical direction of the
first Beethoven Festival together with Franz Liszt. Ferdinand Ries had
already died in 1838. However, as it was believed that Spohr was not
available, Bonn initially turned to Felix Mendelssohn-Bartholdy, but
he already had other commitments at the time.

Spohr also initially canceled at the beginning of July. Although he was
interested, he was unable to take leave because his employer, Crown
Prince Friedrich Wilhelm von Hessen-Kassel, expected a new opera to
be rehearsed for his birthday on August 20. When the crown prince
happened to be staying in Cologne in the days that followed, the
Bonn committee sent a delegation there and obtained permission
for the conductor to take leave.

Spohr now accepted the invitation to Bonn and waived his fee. At
the same time, however, he had reservations about performing de-
manding works such as the 9th Symphony and the *Missa solemnis*
given the short time available for rehearsals, especially as he was only
superficially familiar with the Messa and would first have to obtain a
score. Breidenstein managed to dispel these concerns by pointing
out that the work had been performed the previous year at the Lower
Rhine Music Festival and that many of the musicians involved there
would also be performing in Bonn. In addition, the choir would be
well prepared under expert direction.

The core of the choir was the *Städtisch-akademischer Musikverein*,
founded by Breidenstein in 1834, and the *Bonner Bürger-Singverein*.
Invitations were also sent to the choral societies in Cologne, Aachen,
Düsseldorf, Koblenz, Elberfeld and Barmen. The choir eventually
comprised 343 singers (95 soprano, 73 alto, 80 tenor and 95 bass)
from over 30 locations. The largest proportion came from Cologne
(139) and Bonn (120), followed by Aachen (21), Düsseldorf (19) and

Koblenz (11). Around a dozen choir rehearsals were held, first conducted by Breidenstein himself and then by Cologne music director Franz Weber, who came to Bonn from Cologne twice a week for the purpose.

The orchestra consisted of 162 instrumentalists, mainly from Cologne (52) and Bonn (28). In addition, many musicians from almost 40 places - including European music centers such as Vienna, Paris, Berlin and Amsterdam - offered their participation free of charge.

Louis Spohr arrived in Bonn on the evening of August 6 and stayed with his wife at the Hotel *Zum goldenen Stern* on the market square. Franz Liszt had been staying with a friend in Cologne since the end of July and came to Bonn several times a week.

The dress rehearsals began on Thursday, August 7, 1845, initially in the riding arena, as the concert hall, which had been built at short notice especially for the Beethoven Festival, had not yet been completed. Rehearsals were held twice a day and on Sunday mornings, so that by the time the *Missa solemnis* and 9th Symphony were performed, seven rehearsals had taken place, during which other works for the concerts also had to be rehearsed.

The lack of a suitable concert hall was remedied in an unusual way. With the support of many master craftsmen from Bonn and the region, a festival hall was built within 11 days under the direction of Cologne cathedral master builder Ernst Friedrich Zwirner in the immediate vicinity of the former electoral palace and current main building of the university (in Franziskanerstraße, where the Victoriabad, which closed in 2010, has been located since 1906).

Gottfried Kinkel wrote in the Augsburger *Allgemeine Zeitung* on August 7, 1845: *"The citizens are participating in the work with great enthusiasm, and under a banner with the inscription: Unity makes you strong, masons and carpenters from Bonn and the neighboring towns are now working in the former Franciscan garden (between the church of the same name and the monastery) from early morning until late evening."*

On August 21, he was then able to report that an *"imposing building"* in the style of a basilica, the equivalent of almost 61 meters long, 23 meters wide and more than 12 meters high in the central nave, had been completed in the *"space of 11 days"*. This hall with its generally praised acoustics was larger than the Gürzenich concert hall in Cologne.

Incidentally, Beethoven's Ninth had already played a special role in the preparations for the first Bonn Beethoven Festival. The Schott publishing house had offered - as the **Bonner Wochenblatt** reported on June 22 - to lend *"all the vocal and instrumental parts needed for the performance of the Missa solemnis and the 9th Symphony, together with the score and piano reductions, free of charge"*. This involved around 800 choral parts, several hundred instrumental parts, two scores and two piano reductions.

However, the Mainz publishing house expressed the wish to be allowed to embed its scores in the base of the Beethoven monument. Before the scores were sealed in a metal box and embedded in the base of the monument on July 12, 1845, a dedication text was handwritten in ink on the inside cover of the score of the 9th Symphony: *"These two scores, as Beethoven's last and greatest works, at the request of the publishers and in the presence of the undersigned members of the committee were walled into the base of the monument today, July tenth, eighteen hundred and forty-five"*. The text was signed by the five members of the monument committee Heinrich Carl Breidenstein, Friedrich von Salomon, Karl Moritz Kneisel, Hermann Schaaffhausen and Hermann Gerhards.

The Bonn performance of the **Missa solemnis** and the 9th Symphony under the direction of Louis Spohr on August 10, 1845 was by far the largest to date, with 343 singers and 162 instrumentalists. Only around 60 instrumentalists and 39 singers had taken part in the Viennese premiere. In London there were 74 instrumentalists. There is no more precise information about the size of the London choir. The Aachen performance involved 147 orchestra and 266 choir members. To mark the 200th anniversary of the premiere, the Beethoven Orchestra Bonn will be playing 2024 with the 63 orchestral musicians and 70 choir members that are usually used today.

The soloists in the 4th movement of Beethoven's Ninth were the soprano Marie Sachs from Cologne, the alto Anna Kratky, a court opera singer from Frankfurt am Main, the tenor *"Herr Beier"* from Cologne and the bass Josef Staudigl, the renowned court opera singer from Austria.

Heinrich Carl Breidenstein had considerable problems recruiting these soloists, as many were tied up with other engagements. Anna Kratky was recommended by the Frankfurt Kapellmeister Carl Guhr, who had conducted the Frankfurt premiere of the Ninth twenty years earlier. He granted the singer special leave to perform at the Beethoven festival. Breidenstein traveled to Aachen especially to engage Staudigl, who was staying there in mid-July. The bass agreed to participate on the condition that this would not jeopardize his participation in the Brühl court concert for Queen Victoria.

It was particularly difficult to engage a tenor. The Dresden opera singer Josef Tichatschek, who was initially approached, only canceled on 25 July because he was not granted leave due to Queen Victoria's visit to Dresden. On the recommendation of Franz Liszt, Breidenstein then turned to the Weimar singer Franz Götze, who broke off his health treatment in Kreuznach. 150 km south of Bonn. He arrived in Bonn on August 8 and fell ill immediately after his arrival. The day before the concert, the first tenor at Cologne's Stadttheater Beier was engaged, but he was not up to the task. Breidenstein recalled apologetically: *"Mr. Beier was unwell and, through no fault of his own, not properly prepared."* This did not go unnoticed by the audience or the critics.

The press consistently reported on the enthusiasm of the approximately 1,800 visitors to the concert: two days later, the *Bonner Wochenblatt* reported *"that the general satisfaction was most gratifying. The individual pieces of music were applauded several times and at the end the famous conductor was given a general cheer with the most enthusiastic applause." The Nürnberger Zeitung noted on August 16: "The concert, which was a successful and beautiful one, ended with the most enthusiastic applause."* The *Wiener allgemeine Musik-Zeitung* later reported something similar on August 21*: "Although the performance of these two great works far exceeded the duration of an ordinary concert, the mood of the large audience was very receptive and finally rose to enthusiasm during the 9th Symphony."*

Hector Berlioz wrote in the *Journal des Débats Politique et Littéraires* on 22. August 1845: *"The impression of the choral symphony was great and solemn; the first movement with its huge dimensions and tragic style, the Adagio so full of poetic longing, the Scherzo shimmering in such vivid colors and filled with the sweet scent of nature, astonished, moved and delighted the audience one after the other: despite the difficulties presented by the soprano part in the second half of the symphony, it was sung with great enthusiasm by the ladies, with admirable verve and beauty of tone. The martial verse with* the tenor solo "Freudig wie ein Held zum Siegen"("Joyful as in hero's victory.") lacked determination and clarity. But the religious chorus: "Seid umschlungen Millionen!" ("Be embraced, ye millions yonder!") sounded with impressive power, like the voice of a people in a cathedral. It made a highly aesthetic impression."

At the same time, Berlioz found the orchestra *too weak in many respects.* The deficits, particularly in the wind instruments, could have been compensated for if the numerous high-ranking foreign instrumentalists present had been included. The choir had "*shown almost uninterrupted precision and honesty worthy of admiration*", but was not balanced in the ratio of male and female voices.

In addition to the conductor of the Frankfurt performance, Carl Guhr, the English conductor Sir George Smart, who had conducted the London premiere of the 9th Symphony in 1824, was also a guest at the first Beethovenfest in Bonn. He was particularly impressed by the festival hall. However in his opinion, the orchestra podium was too low, especially as the choir was placed in front of the orchestra. The soloists had stood very high to the side, almost behind the conductor. The rows of benches were numbered, but the seats in the rows were not. The concert hall was sufficiently lit by candles and well ventilated by windows on both sides.

According to the English conductor's verdict, the **Missa solemnis** was in the concert " *well performed"* and the 9th Symphony „*went famously"*: „*The pianos and fortes were so well attended tot hat I have never heard this Sinfonia so well performed before, but the trumpets had a bad tone. The drums beat our Chipp, and were much better in time; the music was capital, the oboe and bassoon were better than ours, the latter only as to tone, the horns were much better played than ours, yet the whole effect is not sufficiently loud. The chorus is too strong for the voices. The principal singer in this ode was infinitely more effective than ours, and the German words seem to suit better. I was delighted to see how orderly the performers were in obeying the conductor. The audience was most attentive. Great applause was given to Spohr and the band saluted him with drums and trumpets as I have before described. In order silence the audience before the Sinfonia began there was a roll of the drum, a good idea as it made the audience sit down in expectation of the commencement, they were noisy when some of the company stood up."*

There is also a letter from Marie Ophoven, a visitor to the Beethoven festival from Münster, who described her own impressions of the concerts to her stepmother, uninfluenced by the press coverage. Regarding the performance of Beethoven's Ninth, she wrote: *"Soon it was time for the first big concert in the festival hall. The performance of the Mass No. 1 under the direction of Mr. Spohr was wonderful, and then the great, magnificent Ninth Symphony with choirs; the jubilation and enthusiasm rose to the highest level, I regretted nothing more than that no son or grandson existed to be present. This was the first, but actually also the most beautiful evening."*

One year after the performance, Heinrich Carl Breidenstein summarized the response to the Bonn premiere of the 9th Symphony as follows: *"The symphony aroused the greatest and most general enthusiasm, which did not fail to have an effect even on the layman, while not everyone was able to make friends with the spirit prevailing in the mass. ... Thus the festival had begun with this concert in a way that could hardly have been more magnificent, more uplifting and more worthy of the subject matter. The impression it produced was deep and powerful and will certainly linger long in the memory of the listeners. No one, they all confessed, even the inhabitants of the first musical cities of Europe, such as Vienna, Berlin and Paris, had ever heard these two works, which present the most incredible difficulties, performed to such perfection, especially as far as the choruses are concerned."*

Louis Spohr noted in his memoirs *"that this concert alone, together with the sight of the festival hall in which it took place, was worth the trip to Bonn."*

After the first performance in Bonn, Beethoven's Ninth was not performed again until the 3rd Bonn Beethoven festival in 1894. It was not on the program at the 2nd festival in 1871, but the Choral Fantasy op. 80 was performed instead. The Ninth was then performed again at the 4th Festival in 1927. At the annual Beethoven Festivals in Bonn from 1931-1944, the Ninth was only absent four times. Twice (1933 and 1935) it was performed in front of around 20,000 visitors on Bonn's market square.

After 1945, the Beethoven festival in Bonn then took place every two or three years and it became customary to alternate the *Missa solemnis* with the 9th Symphony on the program. This custom continued with the annual resumption of the festival from 1999, with the Ninth being performed annually from 2007-2014. There was then a break of several years until 2021.

However, it should be noted that the Ninth was in Bonn not only performed at the Beethoven Festivals in Bonn. Above all, the city orchestra, founded in 1907 - since 2003 under the name *Beethoven Orchester Bonn* - had the composition on its program again and again. It is therefore fair to say that Beethoven's masterpiece, whose origins lie in Bonn and which has so many Bonn references, ultimately found a permanent home in his hometown.

LEBENSDATEN DER WICHTIGSTEN PERSONEN ZU „BONN UND BEETHOVENS NEUNTE"

I. Die Bonner

Andreä, Dietrich Wilhelm (1749-1813), Herausgeber der Neuwieder *Freymaurer-Zeitung*

Beethoven, Ludwig van d. Ä. (1712-1773), Sänger, Hofkapellmeister, Vater von
Beethoven, Johann (um 1740-1792), Sänger, verheiratet mit **Maria Magdalena geb. Keverich,** verw. Leym (1746-1787), Vater und Mutter von
Beethoven, Ludwig van (1770-1827), Komponist, Onkel von **Karl van Beethoven** (1806-1858)

Breidenstein, Heinrich (1798-1876), Musikdirektor, Initiator des *Vereins für Beethovens Monument und des 1. Beethovenfestes in Bonn*

Breuning, Helene von (1750.1838), „Ersatzmutter" von Beethoven, Mutter von
Breuning, Eleonore von (1771-1841) Jugendfreundin von Beethoven, verheiratete mit Franz Gerhard Wegeler, Schwester von
Breuning, Lorenz von (1777-1798), Jugendfreund von Beethoven, Bruder von
Breuning, Stephan von (1774-1827), enger Freund Beethovens und Vater von
Breuning, Gerhard von (1813-1892), Arzt

d´Honrath, Jeanette (1770-1823), Jugendfreundin von Beethovens

Fischenich, Bartholomäus (1768-1831), Jurist und Freund von Beethoven und der Schillers

Gehra, Johann Ludwig (1753-1809) Verleger der Neuwieder *Freymaurer-Zeitung*

Gerhards, Hermann (1797-1861), Bonner Beigeordneter, Mitglied im *Verein für Beethovens Monument*

Großmann. Gustav Friedrich Wilhelm (1746-1796), Theaterdirektor in Bonn

Hatzfeld zu Trachtenberg, Franz Ludwig Fürst von (1756-1827), preußischer Gesandter in Wien, Halbbruder von
Hatzfeld, Clemens August Graf von (1743-1797), Hofbeamter in Bonn, Ehemann von
Hatzfeld, Anna Maria Hortense von, geb. Zierotin (ca.1750-1813), Pianistin, Sängerin, förderte Beethoven in Bonn

Kinkel, Gottfried (1815-1882), Journalist und Schriftsteller

Klemmer, Jakob (1760-nach 1794), Bruder von Anna Maria („Wittib") Koch

Kneisel, Karl Moritz (1794-1872), Bonner Gymnasiallehrer, Heimatdichter, Mitglied im *Verein für Beethovens Monument*

Koch, Anna Maria (genannt „Wittib") (1749-1817), Wirtin der Bonner Gaststätte „Zehrgarten" und Mutter von
Koch, Matthias (um 1773-1815), Bonner Freund Beethovens
Mastiaux, Johannes Gottfried von (1726-1790), Bonner Musikliebhaber, förderte Beethoven, Vater von
    Mastiaux, Caspar Anton Joseph Maria von (1766-1815), Jugendbekanntschaft von Beethoven
Mertens-Schaafhausen, Sybille (1797-1857), Musikliebhaberin und Mäzenatin in Bonn, Ehefrau von
Mertens, Joseph Ludwig (1782-1842), Kölner Bankier
Mettra, Louis-François (1783-1804) Verleger der Neuwieder *Freymaurer-Zeitung*
Neefe, Christian Gottlob (1748-1798), Komponist, Bonner Hoforganist und Lehrer Beethovens
Ophoven, Marie (1814-1884), Besucherin des Beethovenfestes 1845
Ries, Johann (1723-1784), als Trompeter und Geiger 1754-1784 Mitglied der Bonner in der Bonner Hofkapelle, Vater von
    Drewer, Anna Maria geb. Ries (1751 – nach 1799), Sopranistin in der Bonner Hofkapelle, Schwester von
    Ries, Franz Anton (1755-1846), als Geiger 1779-1794 Mitglied der Bonner Hofkapelle, Vater von
        Ries, Ferdinand (1784-1838), Pianist und Komponist, 1803-1805 und 1808 in Wien Schüler und Assistent von Ludwig van Beethoven, 1813 – 1824 in London u. a. Direktor der *Philharmonic Society of London*, 1825 Leiter der Niederrheinischen Musikfeste, verheiratet mit **Harriet Mangeon** (1796-1863), Bruder von
        Ries, Hubert (1802-1886), Geiger und Komponist, ab 1936 Konzertmeister in Berlin, Bruder von
        Ries, Peter Joseph (1791-1882), Klavierbauer in Wien
Rousseau, Johann Baptist (1802-1867), Bonner Journalist und Schriftsteller
Salomon, Friedrich von (1770-1851), Landgerichtsrat, Universitätsrichter, Mitglied im *Verein für Beethovens Monument*
Salomon, Philipp (ca. 1720-1780): als Oboist und Geiger 1764–1780 Mitglied der Bonner Hofkapelle, Vater von
    Salomon, Johann Peter (1745–1815): als Geiger 1758–1764 Mitglied der Bonner Hofkapelle, ab 1781 als Musiker, Mitbegründer der *Philharmonic Society of London*, Bruder von
    Salomon, Anna Jacobina (1750–1779): als Altistin 1765–1774 Mitglied der Bonner Hofkapelle. Schwester von
    Salomon, Anna Maria (?-?): als Sopranistin bis 1765–1774 Mitglied der Bonner Hofkapelle
Schaaffhausen, Hermann (1816-1893), Professor für Physiologie und Anthropologie, Mitglied im *Verein für Beethovens Monument*
Simrock, Nikolaus (1751-1832), Bonner Hofmusiker, Verleger und väterlicher Freund Beethovens, Vater von
    Simrock, Peter Joseph (1792-1868), Verleger
Wegeler, Franz Gerhard (1765-1848), Arzt und Freund Beethovens

II. Zu Friedrich Schiller

Dalberg, Johann Friedrich Hugo (1760-1812), Domkapitular, Komponist und Bekannter Schillers

Göschen, Georg Joachim (1725-1823), Verleger und Freund von Friedrich Schillers

Huber, Ludwig Ferdinand (1764-1804), Schriftsteller und Freund Körners

Hufeland, Gottfried (1760-1817), Jurist u.a. in Jena

Körner, Christian Gottfried (1756-1831), Schriftsteller, Komponist und Freund Schillers, Ehemann von **Körner, Mina geb. Stock** (1762-1843), Schwester von

Stock, Dora (1759-1832), Malerin und mit Mina Tochter von **Stock, Johann Michael** (1737-1773), Leipziger Kupferstecher

Kunze, Johann Friedrich (1755-1803), Bekannter von Körner

Mereau, Friedrich Ernst Carl (1765-1825), Jurist und erster Ehemann von

Mereau, Sophie geb. Schubart (1770-1806), Schriftstellerin, später verheiratet mit dem Schriftsteller **Clemens von Brentano** (1778-1842)

Pfingsten, Gabriel von (1778-1857), Bürgermeister von Vilich bei Bonn und Schwager von Ernst von Schiller

Schiller, Friedrich (1759-1805), Dichter und Ehemann von

Schiller, Charlotte geb. Lengefeld (1766-1826), Mutter von **Schiller, Ernst von** (1796-1841), Jurist und verheiratet mit **Schiller, Maria Magdalena von geb. von Pfingsten verw. Mastiaux** (1781-1853)

Streicher, Andreas (1761-1823), Jugendfreund Schillers, Klavierbauer in Wien und Ehemann von

Streicher, Nannette geb. Stein (1769-1833), Klavierbauerin und Freundin Beethovens

Schwan, Christian Friedrich (1733-1815), Verleger und Förderer von Schiller

Stein, Gottlob Friedrich Konstantin „Fritz" Freiherr von (1772-1844), Bekannter von Schiller und Goethe

Wolzogen, Caroline von, geb. Lengefeld (1763-1847) Schwägerin von Friedrich Schiller

III. Zur Entstehung der Neunten und der Wiener Uraufführung 1824

Bürger, Gottfried August (1747-1794), Schriftsteller

Czerny, Carl (1791-1857), Komponist und Schüler Beethovens

Hartl von Luchsenstein, Joseph (1760-1822), Theaterdirektor in Wien

Kiesewetter, Raphael Georg (1773-1850), Musikhistoriker und Vizepräsident der Wiener Gesellschaft der Musikfreunde

Kuffner, Christoph (1780-1844), österreichischer Beamter und Dichter

Rudolph, Erzherzog von Österreich (1788-1831), Förderer und Schüler von Beethoven

Umlauf, Michael (1781-1842), Dirigent

IV. Zur Londoner Erstaufführung 1825

Neate, Charles (1784-1877), Pianist, Komponist und Direktor der
Philharmonic Society of London
Smart, George (1776-1867), Dirigent der Londoner Erstaufführung
der Neunten

V. Zur Aachener Erstaufführung 1825

Hauchecorne, Wilhelm (1791-1837), Initiator und Organisator der
Niederrheinischen Musikfeste in Aachen
Kreutzer, Paul (1767-1835), Musikdirektor in Aachen
Schmidt, Simon Georg (1801-1861), Chorleiter am Dom zu Münster
Schornstein, Johannes (1789-1853), Musikdirektor in Elberfeld und
Mitinitiator der Niederrheinischen Musikfeste
Steinberger, Johann Adolf (1777-1866), Notar, Geiger und Kölner
Oberbürgermeister
Zimmers, Theodor (1783-1861), Domorganist und Leiter des Aachener
Gesangsvereins

VI. Zur Bonner Erstaufführung 1845

Beier, ? (unbekannt), Tenor in Köln
Friedrich Wilhelm von Hessen Kassel (1802-1875), Dienstherr von
Louis Spohr
Götze, Franz (1814-1888), Tenor in Weimar
Kratky, Anna (1810-?), Mezzosopranistin in Frankfurt a. Main
Sachs, Marie (1821-1894), Sopranistin aus Köln
Schindler, Anton (1795-1864), Sekretär von Beethoven und
Musikschriftsteller
Spohr, Louis (1784-1859), Kapellmeister in Kassel und Dirigent der Bonner
Erstaufführung der Neunten, Ehemann von **Spohr, Dorette** geb.
Scheidler (1787-1834), Pianistin
Staudigl, Josef (1807-1861), Bassist in Wien
Weber, Franz (1805-1876), Kölner Musikdirektor
Zwirner, Ernst Friedrich (1802-1861), Kölner Dombaumeister

VII. Sonstige

Bauer, Samuel (1768-1832), Pfarrer und Schriftsteller
Guhr, Carl (1787-1848), Kapellmeister in Frankfurt am Main
Schubart, Christian Friedrich Daniel (1739-1791), Musiker und Schriftsteller
Cannabich, Carl (1771-1806), Hofmusikdirektor in München
Carl Eugen, Herzog von Württemberg (1728-1793)
Gruber, Georg Wilhelm (1792-1796), Komponist
Hurka, Friedrich Franz (1762-1805), Komponist
Kandler, Franz Sales (1792-1831), Musikschriftsteller
Moeser, Carl (1774-1851), Königlicher Musikdirektor in Berlin

Müller, Johann Christian (1749-1796), Komponist
Neumann, Johann Gottlieb (1741-1801), Komponist und Dresdner
    Hofkapellmeister
Reineck, Christoph (1748-1797), Komponist
Schlesinger. Maurice (1798-1871), Verleger
Schultz, Johann Reinhold (unbekannt), Londoner Kaufmann,
    besuchte Beethoven 1823
Schulz, Johann Abraham Peter (1747-1800), Komponist
Schulz, Johann Philipp Christian (1773-1827),
    Gewandhauskapellmeister in Leipzig
Vocke, Theodora Johanna (1749-1795),
    Bekannte von Beethoven
Zumsteeg, Johann Rudolf (1760-1802),
    Komponist

Abbildung 23: Gesamtansicht des Beethoven-Denkmals in Bonn,
um 1850 - Stich von E. Wagner nach dem Denkmal von
Ernst Julius Hähnel
Beethoven-Haus Bonn, B 2313

BEETHOVEN'S DENKMAL IN BONN.

Druck & Verlag von G.G. Lange in Darmstadt

VERÖFFENTLICHUNG DES VERLAGS
BEETHOVEN-HAUS BONN

In diesem Buch geht Stephan Eisel dem
Leben und der musikalischen Entwicklung
des Bonner Beethoven ebenso nach wie
seinen Freundschaften und intellektuellen
Netzwerken. Diese grundlegende Studie
zu Beethovens 22 Bonner Jahren rückt so
eine prägende Lebensphase des
Komponisten in den Fokus, die in der
reichhaltigen Beethoven-Literatur allzu oft
und zu Unrecht vernachlässigt wird.

Hardcover, 550 Seiten,
zahlreiche Farbabbildungen,

34,80 €

ISBN 978-88188-163-0